Pope Francis

프란치스코,
세상에 희망을
선물해

내가 **꿈꾸는 사람** _ 성직자

Pope Francis

프란치스코,
세상에 희망을
선물해

초판 1쇄 2016년 3월 21일
초판 3쇄 2024년 3월 18일

지은이 김용운

책임 편집 김현경
마케팅 강백산, 강지연
표지디자인 권석연
본문디자인 이미연
사진제공 연합포토, 위키피디아, 김용운

펴낸이 이재일
펴낸곳 토토북
주소 04034 서울시 마포구 양화로11길 18 3층 (서교동, 원오빌딩)
전화 02-332-6255
팩스 02-6919-2854
홈페이지 www.totobook.com
전자우편 totobooks@hanmail.net
출판등록 2002년 5월 30일 제10-2394호
ISBN 978-89-6496-300-5 44990
ⓒ 김용운 2016

내가 **꿈꾸는 사람** _ 성직자

Pope Francis

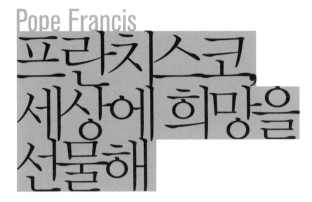

프란치스코,
세상에 희망을
선물해

김용운 지음

팀

세상 모든 사람들이
평화롭고 행복하게 살아가도록

성직자는 세상의 여러 가지 직업 가운데 매우 특수한 직업이에요. 종교를 위해 자신의 모든 것을 바치겠다고 다짐한 사람만이 할 수 있기 때문이에요. 그리고 단순히 변호사나 의사처럼 공부를 잘해야만 할 수 있는 일도 아니에요. 종교에 대한 믿음이 확고하지 않다면 아무리 머리가 좋고 시험 점수가 잘 나와도 하기 힘든 직업이에요.

또 성직자가 되기 위해서 거쳐야 하는 여러 가지 과정은 결코 쉽지 않답니다. 종교의 교리를 이해해야 하고 복잡한 전례도 익혀야 해요. 무엇보다 종교의 가르침에 따라 자신을 버리고 남을 위해서 살겠다는 마음이 확고해야 해요. 게다가 다른 직업처럼 열심히 일한다고 해서 돈을 많이 벌 수 있는 것도 아니에요. 또 스스로 다른 사람들에게 모범을 보이고, 날마다 자신의 생활을 반성하고 돌이켜 보면서 항상 몸과 마음가짐을 올바로 해야 해요.

프란치스코 교황은 전 세계에 12억 명의 신자가 있는 가톨릭 교회의 최고 지도자예요. 그리고 지금 이 시대를 살아가는 성직자 가운데 가장 유명한 분이기도 해요. 가톨릭 교회를 이끌 뿐만 아니라 전 세계의 평화를 위해서도 많은 일을 하고 있어요. 특히 옆집 할아버지처럼 친근하고 소탈한 모습으로 신자들뿐만 아니라 신자가 아닌 사람들도 많이 만나 사랑과 평화의 메시지를 전하고 있답니다.

프란치스코 교황의 본래 이름은 '호르헤 마리오 베르고글리오' 예요. 스무 살 무렵 일반 대학교에 다니다가 신학교에 들어가 예수회라는 수도회의 신부님이 되어 성직자의 길을 걷기 시작했어요. 아르헨티나 부에노스아이레스 대교구에서 가장 높은 성직자인 추기경이 되었죠. 그리고 2013년 3월, 베네딕토 16세 교황에 이어 제266대 교황으로 즉위하셨어요.

교황이 되면 이름을 새로 만들어요. 그때 '호르헤 마리오 베르고글리오'라는 이름 대신 중세 유럽의 성인이었던 프란치스코 성인의 이름을 빌려 '프란치스코'라는 이름으로 교황이 되셨어요.

교황님은 평생을 가난하게 살면서 겸손한 태도로 가톨릭 교회의 나쁜 점들을 고쳐 나갔던 프란치스코 성인을 따르고 싶어 했어요. 바로 그런 모습이야말로 성직자들이 본받아야 할 삶의 태도라고 생각했지요.

교황님은 교황이 되자마자 자신의 결심을 실천해 나갔어요. 먼저 값비싼 장신구나 숙소 등을 거부하고 평소 자신이 살던 모습대로 생활했어요. 고급 차 대신 평범한 사람들이 타고 다니는 차를 애용했어요. 식사도 요리사가 차려 주는 값비싼 요리보다 누구나 먹는 간단하고 간소한 식사를 더 자주 드셨어요.

무엇보다 교황님은 가톨릭 교회뿐만 아니라 세상에서 일어나는 일들 가운데 정의롭지 못하거나 평화를 헤치는 일에 적극적으로 반대했어요. 단순히 말뿐이 아니라 직접 행동에 나서, 가난한 사람은 더 가난해지는 현대 사회의 문제점을 고쳐 나가자고 사람들에게 호소했어요. 성직자란 자신의 종교를 믿는 사람들만 행복하게 하는 것이 아니라, 전 세계 모든 사람들이 평화롭고 행복하게 살 수 있도록 기도하고 실천해야 한다고 강조하셨어요.

이러한 프란치스코 교황의 모습은 이전의 교황님들과 여러모로 차이가 났어요. 가톨릭 신자뿐만 아니라 다른 종교 신자들, 혹은 종교를 갖고 있지 않은 사람들에게도 가난한 이들을 가난에서 벗어나게 하고 세계의 평화를 이루는 데 함께 힘을 모아 달라고 지구촌 곳곳을 다니며 설득했어요.

교황님은 2014년 8월, 4박 5일 일정으로 한국에도 방문하셨어요. 그때 교황님의 일정을 따라 다니며 실제로 모습을 뵐 기회가 있었어요. 교황님은 특히 어린이, 젊은 청년들과 있을 때 표정이 참 밝으셨어요. 그리고 아이들과 젊은이들이야말로 이 세상의 희망이라는 말씀도 하셨어요.

성직자는 세상의 여러 직업 가운데 가장 오래된 직업이기도 해요. 종교의 역사가 수천 년이기 때문이에요. 예전에도 그랬고 지금도 마찬가지지만 성직자는 일반 직업과 달라서 그 과정이 쉽지 않아요. 하지만 성직자가 꼭 특별한 사람만이 될 수 있는 것은 아니에요. 종교에 대한 믿음이 깊고 나보다 남을 사랑할 수 있는 마음만 각별하다면 성직자가 되는 길이 꼭 어렵고 힘들지만은 않아요.

프란치스코 교황의 일생은 그래서 성직자가 되고 싶은 친구들에게 많은 도움이 될 거예요. 교황님은 보통의 가정에서 태어나 그야말로 평범하게 자랐어요. 그럼에도 지금은 가장 유명한 성직자이자 세상 사람들이 가장 존경하는 종교인이 되었죠. 그렇다면 과연 무엇이 달랐던 것인지 교황님의 삶을 한번 따라가 볼까요? 혹시 이 책을 읽는 여러분 중에도 나중에 성직자가 되고 혹은 교황이 될지 모르는 일이니까요.

김용운

가난한 사람들을 위해
살고 싶어

가족에게
도움이 되어서 기뻐요

"저를 공부만 하도록 강요하지 않고

일터로 보내 주신 아버지께 정말 고마웠습니다.

인생 여정에서 저를 가장 잘 단련시켜 준 것은 일이었어요."

프란치스코 교황

'호르헤'라고 불렸던 프란치스코 교황의 어린 시절은 무척 행복했어요. 할 아버지, 할머니, 부모님의 관심과 사랑을 듬뿍 받으면서 동생 넷을 돌보았 지요. 주말이면 온 가족이 성당에 가서 미사를 드리고 함께 식사를 했고 요. 교황님은 이때 배운 요리 실력을 두고두고 뽐냈답니다. 일과 학교 공 부를 같이하며 가족을 도울 수 있다는 데 보람을 느끼기도 했어요. 일하면 서 만난 카레아가 아주머니는 학교에서 배울 수 없는 많은 것을 가르쳐 주 었어요.

하얀색 빵 모자 할아버지

'하얀색 빵 모자를 쓴 교황 할아버지는 한국 사람도 아닌데 TV 뉴스에 왜 이렇게 많이 나오지?'

혹시 이런 생각을 해 본 적이 있나요?

'교황'이란 쉽게 말하면 국민들이 선거로 뽑는 대통령처럼 직위를 뜻하는 말이에요. 전 세계 가톨릭* 신자들의 최고 지도자를 교황이라고 해요. 반에서 반장을 뽑을 때 친구들이 투표로 뽑듯이, 교황도 투표권을 가진 추기경들이 모여서 그들 중 가장 높은 사람을 뽑아 교황이라는 직책을 주는 거예요.

교황을 뽑는 선거를 '콘클라베'라고 해요. 콘클라베는 이탈리아 로마에 있는 바티칸 시국의 시스티나 성당에서 열리지요. 바티칸 시국은 세상에서 가장 작은 국가로 서울에 있는 여의도보다 크지 않은 나라랍니다. 그곳에는 교황님을 비롯해 가톨릭 성직자와 신학생 등 가톨릭 교회와 관련된 일을 하는 사람들이 살고 있어요.

교황이 되려면 우선 대학을 신학교로 가야 하고, 그곳에서 일반 학생들과 달리 신부가 되기 위한 수업을 따로 받아야 해요. 보통

● **가톨릭** 영어로 'catholic'이라고 해요. 우리나라에서는 천주교(天主敎)라고도 불러요. 중국에서 가톨릭을 '하늘의 주인인 하느님을 믿는 종교'라는 의미에서 천주교라고 칭했어요. 우리나라에는 가톨릭 신자가 약 550만 명 정도 되지만, 전 세계 가톨릭 신자는 약 12억 명이에요.

가난한 사람들을 위해 살고 싶어

6년에서 10년 정도 공부한 뒤 사제 서품을 받고 신부가 되지요. 신부님은 주변에서 많이 봤을 거예요. 동네 성당에 가면 검은색 옷을 입고 목에 하얀색 로만 칼라를 하신 분을 볼 수 있을 텐데, 이분이 바로 신부님이에요.

　신부님도 승진을 할 수 있답니다. 회사로 치면 과장, 부장 같은 직급처럼 신부 위에는 주교가 있고 그다음에는 추기경이 있어요. 그리고 추기경들 중에서 다시 교황을 뽑지요. 프란치스코 교황님은 신부님들 가운데 가장 높은 사람이라고 생각하면 돼요.

　교황은 전 세계의 신부들 가운데서 주교와 추기경을 임명할 수 있는 권한이 있어요. 또 12억 명에 달하는 전 세계 가톨릭 신자들의 최고 지도자로서 여러 가지 활동을 하기 때문에 무척 중요한 자리예요. 세계 평화와 사람들의 행복을 위해 각국의 지도자를 만나고, 신자들을 격려하기 위해 세상 곳곳을 돌아다니지요. 프란치스코 교황은 2014년 8월에 한국에도 왔다 가셨답니다.

프란치스코로 하겠습니다

　프란치스코 교황의 원래 이름은 '호르헤 마리오 베르고글리오'예요. 지구본에서 살펴보면 우리나라와 정반대에 있는 남아메리카의 나라 아르헨티나 중에서도 수도 부에노스아이레스에서

1936년에 태어났어요.

교황이 되기 전까지 부에노스아이레스에 살면서 그곳의 신자들과 함께 생활했지요. 어려운 사람들을 돕고 잘못된 일에 대해 바른 말씀을 많이 하셨어요. 그러면서도 사람들을 편하게 대하고 검소하게 생활하셔서 성당에 다니지 않는 사람들에게도 존경을 받았어요. 그러다 추기경에 오르고, 교황 선거에도 나갈 수 있는 자격을 갖추었습니다.

그런데 2013년 3월, 교황이었던 베네딕토 16세가 스스로 물러나면서 새로운 교황을 뽑아야 했어요. 지금까지는 교황님이 돌아가셔야만 새로운 교황을 뽑았는데, 베네딕토 16세는 스스로 교황직에서 내려오셨어요. 전 세계의 추기경 가운데 새로운 교황을 뽑아야 할 상황에 놓인 거예요.

그래서 전 세계에서 모인 추기경 115명이 시스티나 성당에서 투표를 했습니다. 무려 다섯 번의 투표 끝에 마침내 새로운 교황이 선출되었지요. 바로 아르헨티나의 베르고글리오 추기경이었어요. 교황으로 뽑혔다는 사실을 알게 된 그는 자신을 뽑아 준 다른 추기경들에게 이렇게 농담을 했어요.

"하느님께서 여러분이 하신 일을 용서해 주셔야 할 텐데 말입니다."

이 말에 많은 추기경들은 웃음을 참지 못했다고 해요. 그만큼

가난한 사람들을 위해 살고 싶어

베르고글리오 추기경의 소탈한 소감에 마음이 놓였기 때문이랍니다. 그리고 옆에 있던 추기경 가운데 한 분이 질문했어요.

"교황 이름은 무엇으로 하시겠습니까?"

교황이 되면 자신의 이름 대신 존경하는 성인이나 역대 교황의 이름을 골라 새롭게 자기 이름을 정해야 하는 전통이 있어서예요.

"저는 프란치스코로 하겠습니다."

이 말에 많은 추기경들이 놀랐어요. 프란치스코 성인은 약 800년 전에 이탈리아에서 태어나 헐벗고 병들고 가진 것 없는 사람들을 위해 자신도 가난하게 살면서, 부정부패를 일삼고 종교의 본분을 잊은 중세 가톨릭 교회를 바꾼 분이거든요. 베르고글리오 추기경도 프란치스코 성인처럼 가난하고 고통받는 사람들을 위해 교황직을 수행하겠다고 하신 거예요. 그리고는 사람들에게 고개를 숙이며 이렇게 부탁했습니다.

"저를 위해 기도해 주세요."

교황이라는 자리는 매일 무언가를 결정해야 하고, 자기 마음대로 할 수 있는 일도 많아요. 그렇다고 무조건 자기 마음대로 하면 자칫 독선적이 될 수 있어요. 다른 사람들이 해 주는 충고도 듣지 않고 '나만 옳아'라며 모두를 힘들게 할지도 모르죠.

프란치스코 교황은 자신이 독선적이 되지 않도록 사람들에게 기도를 부탁했어요. 지금까지 교황 중에서 사람들에게 먼저 고개

프란치스코 성인
(1181년 또는 1182년~1226년)

를 숙이고 기도해 달라고 한 분은 없었어요. 그만큼 여러 사람의 말을 듣고 겸손하게 교황직을 수행하겠다고 다짐하신 거예요.

베르고글리오 추기경이 프란치스코 교황이 된 다음부터 가톨릭 교회는 많은 변화가 생겼어요. 교황님은 사람들이 너무 많이 가지려고만 하고 이웃에게 베풀지 않아서 자꾸만 가난한 사람이 늘어난다고 가슴 아파하셨어요. 자기 것을 나누어야만 세상이 살기 좋아진다고 말씀하셨지요. 본인이 먼저 비싼 집이나 좋은 차 대신 평범한 숙소에서 검소하게 생활하며 스스로 모범을 보이셨어요. 그래서 가톨릭 신자뿐만 아니라 종교를 가지지 않은 사람들에게도 인기가 높아졌답니다.

그럼 '호르헤'라고 불렸던 교황님의 어린 시절 이야기부터 시작해 볼까요?

이민자 가정에서 태어난 아이

"다시 전쟁이 날 수도 있다는 이야기를 들었어요. 또 독재가 시작된다는 소문도 있어요. 정말이지 너무 불안해요."

"어쩌다가 아름다운 이탈리아가 이렇게 됐는지 모르겠소. 이럴 바에야 차라리 이민을 가서 새로운 세상에서 사는 게 낫지 않을까 싶소."

"아르헨티나는 어떨까요? 그곳에 친척들도 있고 전쟁이 날 가능성도 없다고 들었어요."

"고향을 떠나서 사는 게 쉽지 않겠지만 고민을 더 해 봅시다. 아르헨티나는 스페인 사람들이 많다지만 우리나라 사람도 많으니 적응하는 게 어렵지는 않을 것 같소."

1928년 가을, 이탈리아 북부 피에몬테 주의 작은 마을에 살고 있던 조반니 안젤로와 로사 마르가리타 바살로 부부는 밤늦게 대화를 나눴어요. 제1차 세계대전이 끝난 이후 이탈리아는 무솔리니라는 독재자가 등장해 다시 전쟁 준비를 하던 시기였어요. 많은 사람이 죽고 다치는 전쟁이 또 일어날지도 모른다는 불안감에 걱정이 많았죠.

세계에서 여덟 번째로 면적이 넓은 나라인 아르헨티나는 16세기 스페인 사람들이 남아메리카 대륙으로 이주하면서 생겨났어요. 아르헨티나도 미국처럼 유럽 사람들이 가서 나라를 세운 것이랍니다.

유럽에 비해 비옥한 농토가 많았던 아르헨티나는 19세기 말부터 20세기 초까지 세계에서 손꼽히는 부자 나라로 발전했어요. 아르헨티나라는 이름 자체가 '은'이라는 뜻을 지닌 라틴어 아르헨툼Argentum에서 유래했을 만큼 지하자원도 많았거든요. 수도인 부에노스아이레스에는 1914년에 지하철이 다닐 정도로 선진국이었어요. 우리나라에 지하철이 처음 생긴 것이 1970년대니까 엄청나게 빨리 발전한 셈이지요.

그래서 유럽에는 아르헨티나로 이민을 가서 살려는 사람이 많아졌어요. 하지만 이탈리아 사람들이 아르헨티나로 가는 것은 쉬운 일이 아니었답니다. 스페인 사람들이 개척한 식민지였던 탓에 스페인어를 공용어로 썼기 때문이죠.

조반니 안젤로와 로사 마르가리타 바살로 부부는 결국 아르헨티나로 이민을 결심했습니다. 재산을 정리하고 차근차근 준비한 끝에 1929년 1월, 마침내 배를 타고 부에노스아이레스로 이민을 왔답니다. 조반니 부부는 낯선 땅이었지만 마음은 든든했어요.

"아버지, 어머니, 제가 여기서 열심히 일해서 부모님 고생시키지 않을게요."

스물네 살인 아들 마리오가 있었기 때문이에요.

훗날 조반니 부부는 프란치스코 교황의 할아버지, 할머니가 됐고 아들 마리오는 교황님의 아버지가 됐습니다. 이렇게 프란치스코 교황은 더 좋은 삶을 위해 고향을 떠나 이민을 온 이민자 가정에서 태어났어요. 그래서 이민자들에 대한 관심이 지금도 특별하답니다.

조반니 부부는 아르헨티나에 이민을 와서 열심히 일한 덕에 처음에는 남부럽지 않게 살 수 있었어요. 하지만 1929년 미국에서 대공황*이 일어나면서 아르헨티나도 경제가 어려워졌어요. 우리나라에서 1997년 IMF 금융 위기 사태가 일어났던 것처럼 많은 회사가 문을 닫고 직업을 잃은 사람이 늘어났어요.

조반니 부부의 살림살이도 좋지 않아졌어요. 다행히 아들 마리오가 회계사로 취직해서 어려움을 이겨나갈 수 있었지요. 어느 날마리오는 부모님께 제안했어요.

"아버지, 제가 모은 돈이 있으니 식료품 가게를 하면 어떨까요?"

조반니 부부는 식료품점을 열었고, 세 식구는 성실하게 생활하면서 가정을 지켜 갔습니다. 그러던 어느 날이었어요. 동네 성당의 주일 미사에 다녀온 마리오는 얼굴을 붉힌 채 부모님께 할 이야기가 있다면서 말을 꺼냈어요.

"결혼하고 싶은 여자가 생겼습니다. 이름은 마리아 사보리예요. 어머니는 이탈리아 출신이고 아버지는 아르헨티나에서 태어난 이탈리아인의 후손이에요. 부디 결혼을 허락해 주세요."

"아! 그렇구나. 이제 결혼할 때가 되었지. 어떤 아가씨인지 궁금

---

* **대공황** 1929년 10월 미국 뉴욕의 주식 시장에서 주가가 큰 폭으로 떨어지면서 찾아 왔어요. 세계 여러 나라에서 계속 상품을 만들어 냈지만 정작 물건을 구매할 사람들이 줄어들면서 상품이 남아돌기 시작했고, 상품을 팔지 못한 기업들이 어려워지면서 직원들을 해고했어요. 그 탓에 세계 각국에서 실업자가 늘어났고, 실업자가 늘어나면서 차라리 전쟁이라도 하자는 정치 지도자들이 생겼어요. 결국 제2차 세계대전이 일어난 원인이 되었지요.

가난한 사람들을 위해 살고 싶어

하구나. 네가 아끼고 사랑하는 여자라면 우리는 환영이란다."

아들이 빨리 결혼해 가정을 꾸리기를 바랐던 조반니 부부는 기쁜 마음으로 수락했어요. 며느리가 될 사보리는 밝고 활달한 성격에 가정적인 여자였어요. 마리오와 사보리는 1935년 12월 12일 마침내 가족들의 따뜻한 성원 속에 결혼식을 올렸습니다.

"여보, 하느님이 우리에게 결혼하자마자 큰 선물을 주셨어요. 병원에 갔더니 임신을 했다고 하네요."

"정말 기뻐요! 앞으로 무리하지 말고 태교에 힘써요. 하느님께서 벌써 우리에게 아이를 주시다니 믿어지지 않아요."

마리오 부부는 결혼하자마자 아이가 생겼어요. 그리고 1936년 12월 17일 사내아이가 태어났어요. 조반니 부부는 손주가 생겼다는 기쁨에 어쩔 줄 몰랐어요. 고국을 떠나 멀리 아르헨티나까지 온 이유가 바로 가족을 위해서였으니까요. 가족의 축복 속에 태어난 남자아이의 이름은 '호르헤 마리오 베르고글리오'라고 지었어요. 그때는 영특한 눈빛을 한 조그만 이 아이가 훗날 교황이 될지 아무도 몰랐답니다.

성당에서 만난 만큼 신앙심이 좋았던 부모님은 건강하게 태어난 호르헤를 보면서 이렇게 다짐했어요.

"하느님 사랑 안에서 밝고 건강하게 자라도록 기도드립시다."

아버지와 어머니는 이후에도 자식 네 명을 더 낳았어요. 호르헤는 네 명의 동생을 둔 5남매의 장남으로 자랐어요.

신앙이 힘을 준단다

1943년 호르헤는 안토니오 세르비뇨 초등학교에 입학했어요. 산수와 기하학, 역사, 지리를 공부하는 것이 재미있었어요. 열심히 공부한 덕에 성적도 좋았지요. 주말이면 식구들과 함께 성당에 가서 신부님도 만나고 미사도 드렸어요.

그런데 왜 가족들은 성당에 다녔을까요? 아르헨티나는 스페인의 식민지였기 때문에 가톨릭이 사실상 국교였어요. 호르헤의 가족은 이탈리아 사람이었지만 종교가 가톨릭이어서 스페인어를 쓰는 아르헨티나에 적응하는 데 많은 도움을 받았어요. 신앙심이 깊은 가톨릭 신자들이었으니까요. 비록 고향을 떠나 낯선 이국에서 새로운 삶을 살아야 했지만, 열심히 신앙생활을 하며 여러 가지 어려움을 이겨냈어요.

유럽과 남미 국가들은 한국과 달리 국가의 종교를 법으로 정했어요. 이것을 '국교'라고 해요. 특히 가톨릭을 국교로 한 나라가 많아요. 대표적인 나라가 바로 스페인과 이탈리아예요. 스페인과 이탈리아 사람들은 아이가 태어나면 성당에 가서 세례를 받고, 주일에는 미사에 나가고, 결혼식은 성당에서 해야 해요.

가난한 사람들을 위해 살고 싶어

프란치스코 교황의 가족도 이런 분위기에서 생활했어요. 물론 그렇게 하지 않는다고 해서 불이익이 있는 것은 아니에요. 자유 민주주의 국가는 국민에게 종교 선택의 자유를 보장하고 있으니까요.

유럽이나 남미에서 종교는 무척 중요한 역할을 해요. 종교가 문화처럼 일상에 뿌리박고 있어서예요. 특히 가톨릭과 개신교를 합친 '그리스도교'는 유럽에서 상당한 영향력을 발휘해 왔어요. 유럽의 여러 가지 문화나 풍습은 그리스도교에서 유래했다고 해도 과언이 아니에요. 사실 유럽뿐만 아니라 세계에 많은 영향을 미쳤어요. 당장 우리가 역사에서 기원전과 기원후를 구분하는 기준이 예수님 탄생이거든요.

가족의 따뜻한 사랑

"호르헤, 너무 늦게 오면 안 된단다."

"할머니가 섭섭해 하면 어떡해요?"

"내일 또 가면 되지. 그런데 할머니랑 있으면 좋아?"

"네. 할머니가 들려주시는 이탈리아 옛날이야기가 너무 재미있어요. 듣다 보면 시간 가는 줄 모르겠어요."

"그래도 오후에는 집에 와서 동생도 챙겨 주고 함께 놀아 주렴."

"네 알겠습니다!"

요즘 우리 주변에는 형제나 남매, 혹은 자매가 아닌 외둥이가 많지만 예전에는 아이를 많이 낳을수록 좋다고 여겼어요. 호르헤의 가족도 그랬어요. 호르헤는 동생들을 돌보고 부모님의 일을 거들어 드리면서 자랐어요. 더군다나 할아버지와 할머니가 가까운 데 살았기 때문에 호르헤네 집은 늘 식구들로 북적거렸어요. 동생 네 명과 부모님, 할머니, 할아버지와 함께 어울려 살았던 덕에 호르헤는 가족이 세상에서 가장 중요하다는 걸 일찍부터 알게 됐어요. 호르헤는 가족들의 사랑 속에서 무럭무럭 자라났어요.

"할머니랑 할아버지가 곁에 사셔서 너무 좋아요. 할머니는 예수님 이야기도 많이 해 주시고, 성서에 나오는 여러 성인들의 이야기도 자주 해 주셔요. 할머니 이야기를 계속 듣고 싶은데 집에 와야 해서 아쉬워요."

"그래, 할머니는 네가 태어나기 전부터 너를 위해 기도도 많이 해 주셨단다. 네가 태어났을 때 얼마나 좋아하셨는지 몰라. 그러니까 너도 할머니 말씀 잘 듣고 착한 아이가 되어야 한다. 그럼 오늘은 아빠가 카드놀이를 가르쳐 줄게."

"와, 저도 카드놀이 배우고 싶었는데! 빨리 배워서 할머니 할아버지와도 카드놀이 하고 싶어요."

그때는 컴퓨터가 없어서 놀 거리가 마땅치 않았어요. 그래서 아버지는 카드놀이 하는 법을 알려 줬답니다. 가족들이 식탁에 둘러 앉아 카드놀이를 즐기며 이야기도 많이 하고 맛있는 음식도 자주 해 먹었어요.

호르헤가 예닐곱 살 무렵에는 아버지를 따라 농구장으로 구경을 가기도 했어요. 아버지는 농구를 무척 좋아하셨어요. 주말이면 직접 농구 클럽에서 농구를 할 정도로요. 호르헤는 아버지가 농구 시합을 할 때 옆에서 힘차게 응원했어요. 아버지가 뛴 농구 팀이 이기면 집으로 돌아오는 길에 아버지가 신나서 목말을 태워 주기도 했어요.

아버지는 농구뿐만 아니라 축구도 좋아했어요. 호르헤는 농구 보다 축구에 더 흥미가 생겼어요. 특히 동네 축구팀인 산 로렌소를 응원하면서 팀이 우승하기를 바랐어요.

아버지는 스포츠 경기를 좋아했고 어머니는 아이들과 함께 클래식 음악 듣는 것을 좋아했어요. 그래서 매주 토요일 오후면 식구들을 모아 놓고 라디오에서 나오는 오페라 프로그램을 들었어요.

"잘 들어 보렴. 이 노래는 푸치니 오페라《투란도트》중에 나오는 아리아 〈공주는 잠 못 이루고〉야. 오페라는 할아버지, 할머니의 고향인 이탈리아 사람들이 좋아하는 음악이란다. 나중에 우리 식구들 중에서도 성악가가 나오면 좋겠구나."

어머니는 특히 이탈리아 오페라를 좋아했어요. 아르헨티나에 살고 있지만 이탈리아에서 이민 온 가정이었기에 라디오에서 이탈리아 말로 부르는 오페라가 나오면 마치 고향에 온 듯한 친숙함을 느꼈지요.

오페라는 이탈리아에서 발전했는데 성악가들이 무대에 올라 노래뿐만 아니라 연기도 하면서 여러 이야기를 보여 주는 공연이에요. 어머니는 이탈리아 이민자의 후손답게 아이들과 이탈리아 오페라 아리아를 함께 들으며 내용을 설명해 주었어요.

"호르헤, 예술을 즐길 줄 아는 마음도 중요하단다. 나중에 어른이 되면 지금 들었던 오페라와 클래식 음악이 힘들 때 큰 힘이 되어 줄 거야."

"이렇게 어머니랑 동생들이랑 함께 노래 듣는 게 너무 좋아요. 나중에 커서도 예술을 사랑하는 사람이 될게요."

나는야 요리사

열 살이 넘어서부터 호르헤는 집안일을 많이 돕기 시작했어요. 어머니가 막냇동생을 낳은 이후 조리를 잘 못 해서 몸이 아팠거든요. 학교에서 돌아오면 바로 동생들을 씻겨 주고 청소도 했어요. 그러던 어느 날 호르헤는 어머니에게 이렇게 말했어요.

"어머니, 식탁 차리는 것은 제가 도울 수 있게 해 주세요. 이제 저도 열 살이 넘었으니 요리하는 법도 배우고 싶어요."

"호르헤, 고맙구나. 벌써 식사 차리는 걸 도울 생각을 하다니. 그럼 엄마가 시키는 대로 도와줄 수 있겠니? 우선 감자 수프를 끓여야 하니까 감자를 다듬어 보자꾸나. 칼은 조심해서 사용해야 해. 나중에 닭고기 요리와 파스타 만드는 법도 가르쳐 줄 테니까 하나씩 배워 보렴."

호르헤는 어머니를 도와 간단한 요리를 하게 됐어요. 그리고 나중에 교황이 되었을 때 이렇게 자랑하셨습니다.

"저는 간단한 요리는 직접 해 먹는답니다. 어렸을 적 어머니를 도우면서 이탈리아 음식을 배웠습니다. 맛은 어떨지 모르겠지만 지금까지 제 음식을 먹고 탈이 난 사람은 없었습니다."

호르헤의 어린 시절은 평탄했어요. 공부 때문에 스트레스를 받지도 않았고 할머니와 할아버지를 비롯해 부모님, 주변 친척들의 관심과 사랑을 듬뿍 받으면서 자랐어요. 학교에서는 개구쟁이로 통했지만 말썽을 피우지는 않았어요. 온 식구가 주말이면 성당에 가서 미사를 드리고 같이 식사를 했어요. 호르헤는 어른들 말씀도 잘 듣고 동생도 잘 보살피는 소년으로 성장했어요.

열두 살의 첫사랑

열두 살이 되자 호르헤는 금방 어른이 될 것 같았어요. 키도 자랐고 초등학교에서는 고학년이었으며 부모님도 장남인 자신을 믿고 여러 가지 집안일을 맡겼으니까요.

'나도 빨리 어른이 돼서 결혼하고 부모님처럼 행복하게 살았으면 좋겠다. 그런데 결혼은 누구랑 하면 좋을까?'

이때 옆집에 사는 소녀 아말리아를 보면 괜히 마음이 두근거리고 설렌다는 것을 알게 됐어요.

'이게 혹시 사랑일까?'

호르헤는 고민하기 시작했어요. 며칠을 고민한 끝에 마음의 결정을 내렸어요. 아무래도 가까이 사는 아말리아가 자신의 짝인 것 같았거든요.

아말리아, 나랑 결혼해 주지 않을래? 우린 아직 어리지만 금세
어른이 될 거고, 어른이 되면 너와 같이 살고 싶어. 만약 부탁을
들어주지 않는다면 나는 평생 혼자 사는 신부가 될 거야.

호르헤는 이렇게 편지를 써서 아말리아에게 주었어요. 연애편지였던 거예요. 하지만 아말리아에게 보낸 연애편지는 그녀의 부

첫사랑에 빠진 열두 살 시절의 호르헤.
위에서 세 번째 줄, 왼쪽에서 네 번째 자리에 서 있는 소년이 호르헤예요.

모님에게 들키고 말았어요.

아말리아의 부모님은 아직 열두 살밖에 되지 않은 호르헤가 어른인 척 결혼하자고 편지를 쓴 게 못마땅했어요. 게다가 이민자 가족의 아들이었던 호르헤가 마음에 들지 않았어요. 아말리아는 혼이 났고 결국 호르헤의 편지에 거절의 뜻을 밝혔어요. 둘은 어색한 사이가 되어 버렸지요. 호르헤는 슬펐지만 다시 마음을 잡았어요.

'그래, 아말리아와 결혼할 수 없게 됐지만 또 다른 사랑을 만날 수 있을 거야.'

호르헤는 다시 친구들과 어울려 놀면서 첫사랑의 아픔을 잊기 시작했어요. 특히 탱고를 추면 몸과 마음이 신나고 즐거워지는 것을 느꼈어요. 탱고는 아르헨티나의 전통춤으로 남녀가 짝을 맞춰서 춰야 해요. 호르헤는 아말리아를 잊고 다른 여자 친구를 사귀기로 마음먹었어요. 아말리아와 결혼하지 못하면 신부가 되겠다는 생각도 마음속에서 지워 버렸어요.

가족을 도와줄 수 있겠니?

호르헤가 유년 시절을 보낸 1940년대부터 1950년대에 아르헨티나는 제2차 세계대전 이후 경제가 조금씩 나빠졌어요. 나라가

가난한 사람들을 위해 살고 싶어

가난해지기 시작하면서 잘사는 사람은 괜찮았지만 평범한 사람들은 살기가 어려워졌어요.

호르헤의 집안도 이런 영향을 받아 살림살이가 여유롭지 않게 됐어요. 끼니를 걱정할 만큼 가난하지는 않았지만, 사고 싶은 것을 마음대로 살 수 있을 정도는 아니었어요. 여기에 다섯 남매를 키워야 하는 호르헤의 부모님은 걱정이 커질 수밖에 없었어요. 아이들은 계속 자라서 들어갈 돈이 많은데 수입은 오히려 줄어드는 상황이었으니까요. 그래서 장남인 호르헤가 초등학교를 졸업할 무렵 아버지는 이렇게 부탁했어요.

"이제 너도 중학교에 입학할 테니 공부와 함께 일을 하면 좋겠구나. 그럼 엄마 아빠가 살림하는 데 한결 도움이 될 거야. 네가 벌어 온 돈으로 동생들에게 맛있는 것도 사 줄 수 있고 학비를 모을 수도 있단다. 공부하면서 일하는 게 쉽지 않겠지만 식구들을 위해 네가 도와주면 좋겠구나."

"알겠습니다, 아버지. 학교 가는 시간이랑 겹치지 않으니 크게 어려울 것은 없어요. 저도 부모님을 도울 수 있어서 기뻐요. 저만 일하는 것도 아닌걸요."

호르헤는 중학교에 입학하면서 아르바이트를 시작했어요. 아버지가 부탁해 양말 공장에서 일하게 된 호르헤는 2년 동안 열심히 공장을 청소하며 월급을 받았어요. 일이 끝나면 학교에 가서 공부도 병행했어요. 그 시절은 지금처럼 학교에만 하루 종일 있지 않아도 되어서 일과 학교 공부를 같이하는 게 가능했어요.

열다섯 살이 되자 양말 공장의 사장님이 호르헤를 불렀어요.

"호르헤 군. 자네가 무척 성실하고 똑똑하다고 주변에서 칭찬을 많이 하더군. 내가 지켜보니 사람들 말이 맞았네. 그러니 이제부터 청소는 하지 말고 관리 업무를 맡아 주면 좋겠네. 월급은 더 올려 줄 테니 걱정하지 말고."

"고맙습니다, 사장님. 부모님께서도 좋아하실 거예요."

중학교를 졸업할 무렵 호르헤는 양말 공장에서 여러 가지 중요한 업무를 맡는 유능한 직원이 됐어요. 공장에서 인정을 받았지만 호르헤는 고민하기 시작했어요. 고등학교 입시를 앞두고 어느 쪽으로 가야 할지 확신이 서지 않았거든요. 호르헤는 어린 시절 어머니를 도와 식탁에서 요리를 하던 기억을 떠올렸어요.

"그래, 공업 고등학교에 입학해 식품 화학을 배우면 좋겠구나. 나중에 가난한 사람들에게 맛있는 음식을 주려면 식품 화학이 도움이 될 거야."

호르헤는 고등학교에 입학하면서 양말 공장을 그만두었어요. 대신 고등학교에서 배우는 화학 덕에 제약 회사에 취직할 수 있었어요.

'내일 아침 7시까지 회사를 간 다음 오후 1시까지 일을 해야 하

가난한 사람들을 위해 살고 싶어

는구나. 쉽지는 않겠는걸. 학교에 가면 밤 8시까지 수업을 들어야 하는데……. 그래도 내가 번 돈으로 동생들과 부모님에게 보탬이 된다니 보람이 있을 거야.'

호르헤는 잘사는 집 친구들처럼 학교만 다닐 수 없었지만 불평하거나 부모님을 원망하지 않았어요. 오히려 가족에게 도움이 된다는 데 보람을 느꼈어요.

일은 꼼꼼히 해야 해

"호르헤 군. 내가 지시한 자료 다 되었나요?"

"네, 다 만들었습니다."

"와, 정말 빠르게 만들었네요. 그런데 이 부분은 직접 측량했나요?"

"그건 제가 직접 하지 않고 위에서 계산한 것을 추론해서 적었습니다."

"측량은 직접 가서 본인이 해야 해요. 이론적으로는 이렇게 나올 수 있다고 해도 현장에서 확인해야 틀림이 없어요. 잘못된 숫자가 들어가면 안 돼요. 일은 언제나 정확히 하는 것이 중요해요."

호르헤는 제약 회사에 다니면서 학교에서 배우지 못한 것을 많이 배울 수 있었어요. 학교에서는 교과서에 나온 내용만 가르쳐 주지만, 회사에서는 교과서에 나오지 않는 인생의 여러 가지 일들을 알려 주었기 때문이에요. 특히 자신이 맡은 일을 하는 태도에 대해서 많이 배우게 되었어요.

호르헤의 상사였던 카레아가 아주머니는 일은 언제나 성실하고 정확히 해야 한다고 알려 주었어요. 그 방법도 가르쳐 주었지요. 공부는 책을 펴 놓고 노트에다 필기하면서 할 수 있지만, 일은 직접 가서 확인하고 꼼꼼하게 하지 않으면 다른 사람이 피해를 입을 수 있다고 늘 강조했어요.

호르헤는 카레아가 아주머니에게 많은 것을 배웠어요. 한때 카레아가 아주머니가 중년의 여성이라고 살짝 얕봤던 자신을 반성할 만큼이요. 이때 익힌 일하는 태도는 호르헤에게 큰 장점이 되었답니다. 대충대충 하지 않고 성실하게 일하는 태도 덕에 사람들에게 신뢰를 얻을 수 있었거든요. 카레아가 아주머니에게 일찍부터 일하는 방법을 배운 덕이에요. 그래서 훗날 프란치스코 교황은 사람들에게 이렇게 말했어요.

"저를 공부만 하도록 강요하지 않고 일터로 보내 주신 아버지께 정말 고마웠습니다. 인생 여정에서 저를 가장 잘 단련시켜 준 것은 일이었어요. 고등학교 때 제약 회사에서 만난 카레아가 아주머니는 여성에 대한 제 편견을 바꿔 주신 분입니다. 그분에게 정말 많은 것을 빚지고 살았어요."

애야, 그렇게 힘든 길을 가야겠니?

"신은 새로운 것을 두려워하지 않으며
그래서 전혀 예상하지 못한 방식으로
우리를 인도하고 가슴을 열게 해 주십니다."

프란치스코 교황

하느님의 음성을 듣는다는 것은 과연 무엇일까요? 호르헤는 어느 날 성당
에서 고해 성사를 하고 난 후 하느님의 부르심을 들었어요. 설명하기 힘들
지만 마음속에 신기하고 놀라운 변화가 일어났죠. 그러다 느닷없이 찾아
온 병으로 죽음의 고비를 넘기고 나서 그제야 깨달았어요. 삶이 내 뜻대로
되는 게 아니라 하느님이 부르신 대로 된다는 것을요. 신부가 되기로 결심
한 거예요.

1953년 9월 21일, 열일곱 살이 된 호르헤는 보통 청소년처럼 평범하지만 소중한 나날을 보내고 있었어요. 낮에는 회사에서 일하고 밤에는 공부를 했지요. 쉴 틈 없이 바빴지만 동생들을 챙기고 친구들과 어울려 지내는 것이 즐거웠어요.

"호르헤, 오늘 약속 잊지 않았지?"

호르헤는 모처럼 아침부터 여유를 부리며 친구와 통화를 했어요. 회사에도 학교에도 가지 않아도 되는 '학생의 날'이었기 때문이에요.

"오늘을 얼마나 기다렸는데! 오래간만에 신나게 놀다 오자. 그럼 기차역에서 만나."

호르헤의 목소리는 들떠 있었어요. 아르헨티나에서 9월 21일은 '학생의 날'이자 '봄의 날'로 일 년에 한 번뿐인 날이에요. 곳곳에서 축제가 열리고 십 대들은 손꼽아 기다리며 서로 만나기로 약속해요. 호르헤도 학교 친구들과 함께 저녁에 만나서 신나게 놀 생각에 마음이 마냥 즐거웠어요.

'놀러 가기 전에 성당에 가서 잠깐 기도를 해 볼까?'

평소에도 열심히 성당에 다니던 호르헤는 친구를 만나러 가는 길에 성당에 들러야겠다는 생각이 들었어요.

호르헤는 산 호세 데 플로레스 성당을 다니며 신앙심을 키워 왔어요. 하지만 열세 살 때부터 오전에는 회사에서 일하고 오후에는 학교에 다녀야 했던 바쁜 일상 탓에 마음처럼 성당 활동을 할 수 없었어요. 그래도 성당에 가서 앉아 있으면 마음이 편안해지고 하염없이 좋다는 느낌이 들었어요. 십자가에 못 박혀 돌아가신 예수님을 생각하면 괜히 마음이 아파 오기도 했어요.

친구를 만나러 가던 길에 성당에 들른 호르헤는 낯선 신부님을 만났어요. 그런데 갑자기 마음이 철렁 내려앉는 느낌이 들었어요.

'왜 갑자기 심장이 쿵쾅거리지? 신기하네. 뭔가 들킨 것도 같고. 이런 기분이 왜 드는 걸까?'

호르헤는 알 수 없는 힘에 끌리듯 신부님을 찾아가 이렇게 말했어요.

"신부님, 고해 성사를 보고 싶습니다."

고해 성사는 보통 주일 미사 전에 하는 것이지만 신부님은 호르헤의 부탁을 선뜻 들어 주었습니다. 신부님을 따라 성당의 고해소로 들어간 호르헤는 성호경을 긋고 신부님에게 고해 성사를 보기 시작했어요.

"성부와 성자와 성령의 이름으로 호르헤의 죄를 사하여 줍니다."

신부님이 이렇게 말씀하며 고해 성사를 마치자 호르헤는 눈에서 눈물이 쏟아지기 시작했어요. 마치 어머니가 자신을 따뜻하게 보살펴 주실 때처럼 감격스러웠기 때문이에요. 동시에 누군가 이렇게 말하는 것을 들었어요.

"로욜라의 성 이냐시오를 본받고 그의 삶을 따르라."

정확하게 설명할 수 없는 어떤 것에 압도되는 느낌을 받았어요. 무언가와 마주치면서 마치 정신이 나간 것처럼 놀랐지요. 누구한테 설명할 수는 없지만 분명히 자기 안에서 신기한 일이 일어났어요. 무방비 상태로 있다가 무언가로부터 한 대 맞은 것처럼 깜짝

여기서 잠깐

로욜라의 성 이냐시오는 이런 분이에요

15세기 스페인에서 영주의 아들로 태어나 가톨릭 교회를 선교하는 예수회를 만든 분이에요. 이냐시오 성인은 젊은 시절 명예와 쾌락을 추구하는 사람이었어요. 전쟁에 나가서 승리를 목적으로 하는 기사로도 활동했고요.

하지만 남의 목숨을 빼앗는 생활에 후회가 들었어요. 그래서 만레사라는 마을의 동굴에서 일 년간 기도하며 회개했어요. 전쟁터에서 사람들을 해쳤던 자신의 과거를 뉘우치고 사람들의 영혼을 살리는 수도자가 되기로 마음먹었지요. 마음을 고쳐먹고 예수님을 따르는 삶을 살기로 한 거예요.

사제가 된 이냐시오 성인은 예수님을 모르는 사람들에게 예수님을 알리는 선교 활동을 하기 위해 예수회를 만들었어요. 예수회 회원들은 자신의 것을 가지지 않고 검소하고 소박하게 살면서 사람들을 가르치고 예수님 말씀을 전했어요. 프란치스코 교황이 바로 예수회에 입회해 신부가 되셨어요.

가난한 사람들을 위해 살고 싶어

로욜라의 성 이냐시오
(1491년~1556년)

놀라는 느낌이었는데 무섭거나 고통스럽지는 않았어요.

호르헤는 이때 '아, 이것이 말로만 듣던 하느님의 부르심인가?' 싶었어요. 성당에 계신 신부님들에게 "왜 신부님이 되셨어요?"라고 물어보면 신부님은 "그분의 부르심을 들었기 때문이란다" 하고 답해 주시곤 했거든요.

아침까지만 해도 호르헤는 오후에 친구들과 파티장에 가서 춤추고 노는 일에 마음이 들떠 있었어요. 그런데 갑자기 성당에 들렀고 그곳에서 처음 본 신부님에게 이끌려 주일도 아닌데 고해 성사를 봤어요. 호르헤는 생각했어요.

'이 모든 것이 단순한 우연이 아니라 하느님께서 나를 신부로 부르시기 위해 꾸며 놓은 일은 아닐까?'

하느님이 자신을 오랫동안 기다려 왔다는 느낌을 받았어요.

결국 호르헤는 친구들을 만나러 가지 않고 다시 집으로 돌아왔어요. 사실 이날 함께 춤추러 가려고 했던 친구 중에 마음에 드는 여학생도 있었어요. 신부가 되려면 결혼을 포기해야 해요. 호르헤는 깊은 생각에 잠겼어요.

'오늘 분명히 하느님께서 이냐시오 성인을 본받고 따르라고 말씀하신 것을 들었어. 그렇지만 이런 음성을 들었다고 말하면 아무도 믿지 않겠지. 사실 나도 믿어지지 않아. 아! 어떻게 해야 하나.'

그날 이후부터 호르헤는 혼자서 생각하는 시간을 많이 보내기

가난한 사람들을 위해 살고 싶어

시작했어요. 물론 생활에는 변화가 없었지만 정말로 신부가 될 수 있는지를 계속 고민했어요. 죽을 때까지 결혼도 하지 않고 다른 사람들을 위해 희생하고 봉사하며 기도해야 하는 일을 과연 자신이 할 수 있을지 확신하기 어려웠어요. 평생 성당을 지키면서 부모님과 다르게 살겠다고 결심하는 게 쉬운 일은 아니었으니까요.

당시에는 호르헤가 이런 고민을 하는지 아무도 몰랐어요. 열일곱 살 '학생의 날'에 우연히 성당에서 낯선 신부님께 고해 성사를 본 뒤 부르심을 받았다는 것은 훗날 호르헤가 신부가 된 이후에 주변에 알렸기 때문이에요.

호르헤는 고등학교 졸업을 앞두고 다시 선택의 순간에 섰어요. 신부가 되기 위해서는 일반 대학교가 아닌 신학교에 가야 했거든요. 하지만 호르헤는 부에노스아이레스 대학교에 입학해 화학을 전공하기로 했어요. 다니던 직물 공장을 그만두고 고등학교 때 전공을 살려 식품 영양 분석실에도 취직했어요. 식구들은 그가 대학교를 졸업하면 빨리 결혼해서 가정을 꾸리리라고 생각했어요.

죽을 고비를 넘기다

"어머니, 갑자기 가슴이 너무 아파요……."
스무 살이 된 호르헤는 어느 날 몸에 극심한 통증을 느꼈어요.

자라면서 잔병치레가 없던 그였기에 모두가 놀랐어요. 식은땀을 흘리며 아파하는 모습에 가족들은 어쩔 줄 몰랐어요. 결국 호르헤는 병원에 입원하게 됐어요. 병원에 입원한 3일간 그는 정신을 잃을 정도로 아팠어요.

'아, 몸이 너무 뜨거워. 이렇게 몸이 아플 수 있다니 가슴이 찢어질 것 같아. 이러다 죽는 게 아닐까? 벌써 죽는다면 부모님과 동생들, 할아버지와 할머니는 얼마나 슬픔에 빠질까. 왜 갑자기 내게 이런 고통이 온 걸까.'

호르헤는 병원에서 중증 폐렴이라는 진단을 받았어요. 약물치료를 했지만 별다른 효과가 없었어요. 결국 호르헤는 폐 일부분을 절단해야 하는 큰 수술을 받았어요. 그때는 마취 기술이 발달하지 않아서 수술을 받는 것은 정말로 큰 아픔을 견뎌야 하는 일이었어요.

"호르헤, 하느님께서 너를 지켜 주실 테니 너무 걱정하지 말아라."

가족들은 호르헤를 위해 기도했어요. 마침내 그는 수술을 받기 위해 수술대에 누웠어요. 여러 가지 생각이 교차했어요. 혹시 수술을 하다가 죽거나 수술을 해도 병이 낫지 않으면 어떻게 할지 걱정이 됐어요.

'학창 시절 가족을 위해 일하고 공부도 열심히 해서 부에노스아이레스 대학교 화학과에 입학했고, 이제 신나는 대학 생활만 남았는데 왜 이렇게 됐을까? 내가 큰 죄를 지었나?'

호르헤는 억울한 생각이 들기도 했어요. 그런데 문득 매주 성당에서 볼 수 있는 십자가에 못 박혀 돌아가신 예수님이 떠올랐어요. 막연히 '아프셨겠지'라고 생각했는데 예수님은 자기보다 더 고통스러웠을 것 같았어요. 그리고 열일곱 살 '학생의 날'에 우연히 성당에 가서 고해 성사를 보고 하느님의 부르심을 들었던 것도 다시 떠올렸어요.

다행히 수술은 무사히 끝났어요. 죽음의 문턱까지 갔다 왔던 호르헤는 이제야 무언가 알 것 같았어요. 자신의 삶은 자기 뜻대로 되는 것이 아니라, 하느님께서 부르신 대로 된다는 것을 비로소 느끼게 됐어요. 고통을 겪으면서 세상을 다르게 보는 눈이 생긴 거죠. 고통을 겪는 사람들의 심정도 알게 됐어요.

마침내 호르헤는 신부가 되어 여러 가지 인생의 힘든 일로 고통받는 사람들에게 예수님의 사랑을 전하고 실천해 가기로 결심했어요. 열일곱 살에 느꼈던 하느님의 부르심에 드디어 확신이 선 거예요.

숨을 쉴 때 공기를 들이마시는 폐의 일부를 떼어 낸 호르헤는 건강을 되찾았어요. 병원에서 퇴원한 이후 그는 대학교에 다니며 평소와 다름없는 생활을 했어요. 그러나 수술 탓에 먼 곳에 여행을 가거나 오랫동안 운동을 하기는 힘들어졌어요.

"호르헤가 전보다 말이 없어진 것 같아요."

"아무래도 큰 수술을 받아서 그렇겠지요. 그래도 열심히 학교 다니며 동생들한테도 변함없이 잘해 주고 있으니 큰 걱정은 하지 맙시다."

"가족들의 기도를 다행히 들어 주셨나 봐요. 정말 호르헤에게 큰일이라도 생길까 봐 얼마나 걱정했는데요."

"호르헤가 신앙심이 깊으니 하느님이 기도를 들어 주신 걸 거요. 호르헤가 졸업하고 빨리 결혼해 우리처럼 행복한 가정을 꾸리면 좋겠소."

"그런데 어머님께서 은근히 호르헤가 신부가 되기를 바라시는 눈치예요."

"아무래도 호르헤가 미사에도 성실히 나가고 퇴원한 이후에는 기도도 열심히 하는 것 같으니 더 그런 듯싶소."

"만약에라도 호르헤가 신부가 된다며 신학교에 간다고 하면 저는 찬성하기 힘들 거예요."

"허허허. 호르헤는 여자들에게 인기가 많아서 신학교에 가기 힘들 것 같소."

부모님은 수술 후 부쩍 말수가 줄어든 호르헤를 보면서 걱정이 됐어요. 아무래도 죽을 고비를 넘겼기 때문에 마음에 무슨 변화가 있는 것 같다고 생각했지요. 호르헤는 이러한 부모님의 시선을 느꼈어요. 진짜 호르헤의 마음에 큰 변화가 일어났거든요. 신학교에 가서 신부가 되겠다는 결심을 굳혔답니다. 그래서 부모님 몰래 신학교에 가서 절차를 알아봤어요. 그리고 먼저 아버지에게 신학교에 가겠다는 결심을 털어놨어요.

"아버지, 만약 제가 대학교를 졸업하지 않고 그만 다닌다면 어떻게 하실 건가요?"

"요즘 말도 없고 고민이 많아 보이던데 무슨 힘든 일이라도 있니?"

"아니에요. 오히려 살짝 들떠 있을 정도로 기분이 설레는 일이 있었어요."

"그래? 그런데 왜 학교를 그만두려고 하는 거니?"

"학교를 그만두기보다 다시 다른 학교에 다니려고요."

"혹시 전공이 마음에 들지 않니?"

"화학도 재미있지만 더 의미 있는 것을 발견했습니다. 아버지,

저 내년에 신학교에 가겠습니다."

"뭐? 호르헤, 정말이니? 왜 갑자기 신부가 되고 싶어졌는지 궁금하구나."

"사실은 열일곱 살 때부터 생각했던 거예요. 이번에 수술을 받고 마치 다시 태어나는 듯한 기분을 느꼈어요. 하느님께서 제게 삶을 더 주셨으니 이제 하느님 뜻에 맞게 살고 싶습니다."

"신부가 되는 것은 쉽지 않단다. 결혼도 할 수 없고 가족이랑 헤어져서 평생 혼자 살아야 해. 지켜야 할 것도 많고 하지 말아야 할 것도 많단다. 그런데도 할 수 있겠니?"

"네, 아버지. 저도 많이 생각해 봤는데 하느님께서 부르신다는 것을 확신하게 됐어요."

"그렇다면 아버지는 반대하지 않으마. 인간의 영혼을 어루만지는 신부가 된다면 나로서는 참 행복할 거야. 그런데 과연 어머니가 찬성할지 모르겠다. 그러잖아도 너에 대해서 걱정이 많던데."

"아버지가 반대하지 않으셔서 정말 고맙습니다. 어머니께는 따로 말씀드릴게요."

"그래, 나는 늘 너를 믿는단다. 신학교에 가서 신부가 되고 또 혹시나 주교로 올라간다고 하더라도 사람들에게 먼저 인사하렴. 네가 내려갈 때 그 사람들과도 마주칠 테니까. 늘 너 자신을 너무 높게 생각하지 말고 겸손한 마음으로 살면 좋겠구나."

"명심하겠습니다, 아버지."

호르헤는 아버지가 신학교에 가는 것을 반대할 줄 알았어요. 하지만 아버지는 아들의 결심을 응원했습니다. 문제는 어머니였어요. 장남인 호르헤를 각별히 의지했던 어머니였기에 가족의 품을 떠나 사제가 된다는 것을 좋아하지 않았어요. 호르헤의 결심을 전해 들은 어머니는 아들의 선택에 찬성할 수 없었죠.

힘든 길을 꼭 가야겠니?

"호르헤, 나는 네가 대학교를 졸업하고 결혼해 평범하게 살았으면 좋겠구나. 하느님을 믿고 따르는 사제의 길도 좋지만, 가정 안에서도 충분히 신앙생활을 할 수 있잖니. 더군다나 너는 장남인데 네가 신학교로 가면 동생들은 누가 돌봐 주겠니?"

"어머니, 하느님께서 이미 저를 부르셨습니다."

"혹시 수술한 다음부터 그런 생각이 들었다면 너무 성급한 결정이야. 일시적인 기분에 그럴 수도 있어. 더군다나 너는 아직 학교도 졸업하지 않았잖니?"

"이미 열일곱 살 때부터 신부가 되는 것을 고민해 왔어요. 신학교에 가서 입학 과정도 알아봤습니다. 어머니, 제 결정을 믿어 주세요."

"다시 생각해 보려무나. 신부가 되려면 모든 것을 포기해야 해. 엄마는 네가 힘든 길을 가는 것을 지켜보기가 어렵구나."

"걱정하지 마세요. 주님께서 다 도와주실 거예요."

결국 호르헤는 스물두 살인 1958년, 부에노스아이레스 대학교를 자퇴하고 빌라 데보토 신학교에 입학했어요. 아들이 신부가 되는 것을 반대하던 어머니는 끝내 호르헤의 입학식에 같이 가지 않았어요. 대신 아버지와 할머니, 다른 식구들이 새로운 인생을 위해 첫발을 내딛는 호르헤를 진심으로 축하하며 배웅해 주었어요.

가난한 사람들을 위해 살고 싶어

사랑을 실천하는
목자가 되게 하소서

"안온한 성전 안에만 머물며
고립된 교회가 아니라
거리로 뛰쳐나가 멍들고 상처받고
더러워진 교회를 원합니다."

프란치스코 교황

호르헤는 가족과 떨어져 신학교에서 열심히 공부했어요. 이웃 나라 칠레에서 어렵게 살아가는 아이들을 돌보며 평생 이웃에게 헌신하고 가난한 사람에 대한 사랑을 실천해야겠다고 마음을 굳혔지요. 그리고 10년간 공부한 끝에 드디어 신부가 되었습니다. 가족들은 이 모습을 보며 감격의 눈물을 흘렸어요. 프란치스코 교황은 이때 했던 결심을 아직도 지켜 가고 있답니다.

신학교 입학, 인생의 진로를 바꾸다

호르헤는 열일곱 살 때 동네 성당에서 고해 성사를 보고 들었던 음성을 기억하고 있었어요. 그때 로욜라의 성 이냐시오의 삶을 따르라는 목소리가 인생의 진로를 바꿔 자신을 신학교로 이끌었기 때문이에요.

빌라 데보토 신학교는 이냐시오 성인이 만든 예수회에서 운영하는 학교였어요. 호르헤는 일부러 빌라 데보토 신학교로 입학한 거죠. 예수회는 군인이었던 이냐시오 성인이 만든 수도회답게 군대처럼 규칙과 규범이 엄격한 곳이에요. 예수님을 알지 못하는 사람들에게 선교를 하기 위해 세계 여러 곳으로 수도사들을 보내는 단체예요.

신학교는 전에 다니던 부에노스아이레스 대학교와 많은 것이 달랐어요. 우선 집에서 다닐 수 없었어요. 학교 기숙사에서 다른 신학생들과 함께 단체생활을 해야 했어요. 할머니, 부모님, 동생들과 어울려 살던 집이 그립기도 했지만, 호르헤는 전보다 더 열심히 기도하며 사제의 꿈을 차근차근 키워 갔어요.

2년 동안 수련기를 거치며 신부가 되기 위한 기초적인 과목을 공부했어요. 철학, 심리학, 신학 등 생소한 과목이었어요. 호르헤는 화학을 전공한 이과생이어서 공부가 쉽지는 않았어요. 그렇지만 어렸을 적부터 똑똑하단 말을 들었고 아르헨티나의 명문대인 부에노스아이레스 대학교에 입학할 정도로 모범생이었던 그는 어렵지 않게 공부를 따라갔어요.

가난한 아이들을 보면 마음이 아파

호르헤는 예수회의 지시에 따라 아르헨티나 옆에 있는 칠레로 건너가 5년간 공부했어요. 칠레는 당시 아르헨티나에 비해 가난한 사람들이 많았어요. 그는 그곳에서 초등학생들을 가르치며 많은 것을 깨달았어요. 그때 여동생 엘레나에게 보낸 편지에 이렇게 적었지요.

> 나는 학교에서 3학년과 4학년 아이들을 가르치고 있어. 그런데 아이들이 너무 가난해서 학교에 맨발로 오기도 해. 밥을 제때 먹지 못하는 아이들도 많고, 겨울에는 추위를 가릴 옷이 없어 무척 힘들어해. 우리가 식탁에서 식사할 때 많은 아이들이 그저 빵 한 조각으로 밥을 대신해. 비가 오거나 아주 추운 날에도 캄캄한 동굴에서 지내면서 이불도 없이 맨몸으로 잠을 자. 그 아이들을 보면 정말 마음이 아파.

호르헤는 칠레에서 보내는 시간 동안, 척박한 환경에서 어렵게 살아가는 아이들의 모습을 보며 평생 가난한 사람에 대한 사랑을 실천해야겠다고 마음을 굳혔어요.

칠레에서 공부를 마치고 다시 아르헨티나로 돌아온 그는 산미겔 성 요셉 신학교에서 철학과 신학을 배웠어요. 약 10년간 공부한 끝에 1969년 라몬 호세 카스텔라노 주교로부터 드디어 사제 서품을 받았어요. 예수회 소속 신부가 된 거예요.

드디어 신부가 되다!

"하느님 감사합니다. 제가 드디어 신부가 되었습니다. 부족한 저이지만 이웃을 사랑하고 주님의 뜻을 세상에 전하는 목자가 되게 하소서."

호르헤가 사제 서품을 받던 날 가족이 모두 모여 축하를 해 주었어요. 신학교 입학식에 오지 않았던 어머니도 참석해 아들이 신부가 된 모습을 보며 감격의 눈물을 흘렸어요. 특히 할머니가 누구보다도 기뻐했어요. 할머니는 큰 손자가 신학교에 가기 전에 이렇게 말했어요.

"호르헤, 하느님께서 널 사제로 쓰려고 부르셨다는 것은 분명히 축복받을 일이란다. 그렇지만 혹시라도 힘들거든 돌아오렴. 우리

집 대문은 늘 열어 놓을 거야. 네가 돌아온다고 해도 누구도 너를 비난하거나 욕하지 않을 거야. 꼭 기억하려무나."

그리고는 호르헤의 손에 편지를 꼭 쥐여 주었어요.

> 호르헤에게
>
> 거룩히 축성된 손자의 손에 구세주 그리스도의 몸을 모시고 진지한 소명으로 이끄는 길이 활짝 열리는 아름다운 오늘, 비록 보잘것없지만 마음으로 커다란 이 선물을 내 손자에게 바칩니다. 내 심장의 가장 좋은 부분을 기꺼이 내 줄 정도로 지극히 사랑하는 내 손자가 부디 오래오래 행복하게 살기를.
>
> 그러나 어느 날 내 손자가 어려움, 질병, 사랑하는 사람의 죽음으로 슬퍼할 때 가장 위대하고 고귀한 순교자 예수님이 계신 감실을 보며, 십자가에 매달리신 예수의 발아래 계신 마리아를 보고 탄식하면서 손자가 받을 상처의 가장 깊고 아픈 그곳에 하느님의 위로가 폭포수처럼 쏟아지기를 빕니다.

마침내 호르헤는 할머니의 바람대로 신부가 되었어요.

사실 호르헤는 신학교에 다닐 때 다시 집으로 돌아가고 싶은 순간이 있었어요. 신학교에 입학한 후에 결혼을 하고 싶을 정도로 마음에 드는 여자를 만났기 때문이에요. 그는 큰 갈등에 빠졌어요. 신부가 되는 것을 포기해야만 결혼할 수 있다는 것을 알기에 괴로웠어요.

이때 호르헤는 문득 깨달았어요. 자신이 마음먹은 대로 모든 것을 할 수 있는 강한 사람이 아니라는 것을요. 사람은 원래 약하고 유혹에 빠지기 쉽다는 것을 다시 한 번 절감했어요. 그래서 하느님을 믿고 예수님을 따르는 것이 중요하다는 것을요.

호르헤는 마음을 정리하고 다시 사제가 되는 길을 걸을 수 있었어요. 신앙심도 한층 깊어졌지요. 더 겸손한 마음으로 기도할 수 있게 되었고요. 이런 경험은 나중에 신부가 되고 나서도 큰 도움이 되었어요. 사랑에 아파하고 눈물짓는 젊은이들의 마음도 헤아릴 수 있었기 때문이에요.

고해 성사가 뭐예요?

고해 성사는 가톨릭 교회의 일곱 가지 성사 중 하나예요. 성사란 눈에 보이지 않는 하느님의 은총을 보고 느낄 수 있도록 하는 의식이에요. 고해 성사는 가톨릭 교회 신자가 된 사람이 세례를 받은 이후에 지은 죄에 대해 하느님께 용서를 구하는 거예요. 성당의 고해소에서 신부님에게 죄를 고백하고 뉘우치면 신부님은 하느님을 대신해 죄를 용서해 주세요. 하지만 조건이 있어요. 죄를 용서받는 대신 신부님이 내려 주는 기도나 선행을 해야 해요.

일곱 가지 성사 중에 가장 앞에 있는 것은 세례 성사예요. 세례 성사를 받아야 신자로 인정을 받아요. 세례 성사를 받기 위해서는 가톨릭 교회의 교리를 배우고 기도문을 외워야 해요. 세례 성사는 이스라엘 민족의 전통에서 유래했어요. 예수님도 세례자 요한에게 세례를 받았어요. 물로 씻는 예식을 통해 새로 태어나며 지은 죄를 용서받게 돼요.

견진 성사는 정신적으로 성숙한 신앙인이 되었다는 것을 인정받는 거예요. 세례를 받은 뒤 몇 년은 지나야 받을 수 있어요. 견진 성사를 받으면 지혜와 통달 등 일곱 가지 은혜를 받을 수 있다고 해요.

성체 성사는 예수님께서 돌아가시기 전날 최후 만찬에서 제자들 앞에서 빵과 포도주를 들고 "이것은 내 몸이요, 내 피다"라고 하신 말씀에서 시작된 성사예요. 세례 성사를 받고 신자가 되면 성체 성사에 참여할 수 있어요. 미사 중에 예수님의 몸을 의미하는 영성체를 모실 수 있어요. 영성체는 빵을 상징하는 밀로 만들어요.

병자 성사는 사람이 아프거나 늙어서 죽기 전에 받을 수 있는 성사예요. 병자 성사를 받으면 고해 성사를 통해 회개하지 못한 죄도 용서받을 수 있어요.

혼인 성사는 성당에서 하는 결혼식을 의미해요. 가톨릭 교회에서는 결혼도 성스러운 의식이라고 생각해요. 성품 성사는 신부님이 되는 성사예요. 그래서 혼인 성사와 성품 성사는 둘 다 받을 수 없어요.

영화 〈신부수업〉의 한 장면. 고해 성사를 하는 모습이에요.

가난한 사람들을 위해 살고 싶어

바티칸 시국과 교황에 대해 알고 싶어요

바티칸 시국은 세상에서 가장 작은 독립 국가예요. 이탈리아 로마 바티칸 언덕에 있어요. 바티칸의 최고 지도자가 바로 교황이지요.

바티칸은 세계 여러 국가들과 비교했을 때 남다른 점이 있어요. 국제법상 독립 국가로서 정치 지도자가 아니라 종교 지도자인 교황이 통치하는 국가라는 의미 외에도, 전 세계 모든 가톨릭 교회를 대표하는 교황청의 역할을 하고 있어요. 그래서 세계 여러 국가와 긴밀한 관계를 유지해 약 108개국과 외교 관계를 맺고 있답니다.

바티칸은 성 베드로 대성당과 성 베드로 광장, 교황이 사는 거처와 교황청 사무실이 있는 궁전, 박물관, 도서관, 방송국 등으로 이루어졌어요. 면적은 0.44㎢로 서울 여의도의 6분의 1 정도밖에 되지 않아요. 인구는 약 900명이고, 대부분 교황청에서 일하는 성직자와 직원들이에요.

바티칸이 있는 곳은 원래 2,000여 년 전 로마인들이 '점치는 언덕'이라 부르던 곳이었어요. 예수님의 제자였던 사도 베드로가 순교 당한 후 '점치는 언덕'에 묻혔고, 5세기경 베드로의 묘지 위에 성 베드로 대성당이 세워지면서 도시가 형성됐어요. 이후 역대 교황들이 바티칸 언덕 주변에 있는 땅을 사기 시작했고, 8세기부터는 교황의 정식 주거지가 되었어요. 그리고 1929년 2월 11일, 교황청과 이탈리아 정부 사이에 라테라노 조약이 체결되면서 바티칸은 이탈리아의 간섭을 받지 않는 독립 국가로 자리 잡았어요.

바티칸의 최고 지도자인 교황은 전 세계 가톨릭 교회의 구심점이에요. 가톨릭 교회에서는 교황을 일컬어 예수님의 구원 사업을 수행해야 하는 '예수님의 대리자'라고도 불러요. 1대 교황은 예수님이 가장 아끼는 제자였던 사도 베드로였어요. 그래서 교황은 세계에서 가장 오래된 직책 중 하나로 꼽혀요.

그리스도교 신자들을 박해하던 로마는 313년 콘스탄티누스 대제가 밀라노 칙령을 내려 그리스도교를 인정했어요. 이후 그리스도교는 서양 대부분 나라의 국교가 되었어요. 교황은 그리스도교를 믿는 군주들 간의 분쟁에 개입해 중재 역할을 했지요. 그러면서 교황의 권위도 높아졌어요.

하지만 중세 시대에는 교황 제도에 문제가 생겼어요. 부정한 방법으로 부를 축적하고, 예수님의 말씀대로 이웃을 사랑하지 않는 교황이 생겨났기 때문이에요. 이에 반발해서 종교 개혁이 일어났고, '프로테스탄트'라고 불리는 개신교가 갈라져 나왔어요. 그래서 가톨릭을 '구교'라고 부르고 개신교는 '신교'라고 불러요. 교황들도 종교 개혁 이후에 잘못된 점을 고쳐 나가면서 다시 신자들의 신뢰를 얻고 권위를 회복하게 되었어요.

교황은 전 세계 추기경이 모여 투표를 통해 선출해요. 교황에 선출되면 국적과 이름, 시민권 등을 버려야 해요. 가톨릭 교회의 가르침을 전하고 종교 간의 대화와 자선 활동, 인권 수호와 세계 평화를 위해 한평생 살아야 해요. 이 때문에 교황은 바티칸이라는 작은 나라의 지도자임에도 그 역할과 권위는 어떤 국가도 무시할 수 없을 만큼 크답니다.

용감하고 소탈한
우리들의 신부님

신부님 덕에
살았습니다

"일부 사람들이 신부님이 군사 정권에
협조했다고 주장하지만 그런 적은 없었습니다.
신부님은 위험에 처한 사람들을
남몰래 도와주었습니다."

아돌포 페레스 에스키벨, 노벨 평화상을 받은 인권 운동가

신부가 된 호르헤는 이제 베르고글리오 신부님으로 불리었어요. 그런데 그사이 아르헨티나는 군인들이 권력을 잡으면서 독재 국가가 되어 버렸어요. 독재 정권에 반대하는 수많은 사람이 잡혀가고 죽임을 당했죠. 그중에는 행방불명이 되어 사라진 사람도 많았어요. 이런 모습을 보며 가슴 아파하던 베르고글리오 신부는 과연 어떻게 했을까요?

독재 정권에 고통받는 사람들

"베르고글리오 신부님께서 아르헨티나 예수회의 관구장을 맡아 주서야겠습니다."

"제가요? 이제 신부가 된 지 몇 해 되지 않은 제가 어떻게 관구장을 할 수 있겠습니까?"

"주님의 뜻이에요. 신부님께서는 충분히 하실 수 있습니다. 순종이 예수회의 정신임을 잊지 않으셨으면 좋겠습니다."

"알겠습니다. 부디 제가 관구장을 잘할 수 있도록 기도해 주시길 바랍니다."

이제 호르헤는 베르고글리오 신부님으로 불리었고, 1973년 서른일곱 살이라는 젊은 나이에 아르헨티나 예수회의 관구장이 되었어요. 관구장이란 아르헨티나에 있는 예수회 소속 수사와 신부를 통솔하는 자리예요.

베르고글리오 신부는 원래 일본에 선교를 가고 싶었어요. 하지만 신학교에 입학하기 전 받았던 폐 수술 때문에 오래 여행하기가 힘들어 포기해야 했어요. 대신 아르헨티나에서 열심히 학생들을 가르치며 신자들과 생활하다 보니 어느새 예수회에서 많은 이들이 그를 신뢰하게 됐어요. 그 결과 관구장이라는 높은 자리에 오르게 됐지요.

관구장이 된 베르고글리오 신부는 고민이 많았어요. 아르헨티나는 어느새 군인들이 정권을 잡아 독재 국가가 됐거든요. 군인들은 정부를 비판하는 사람을 잡아 가두거나 몰래 죽이는 것도 서슴지 않았어요. 민주주의 국가에서는 상상하기 어려운 일이 벌어지고 있었어요.

신부님에게 도움을 청하는 신자도 많아졌어요. 처음에는 정권을 잡은 군인들도 신부님을 함부로 할 수는 없었어요. 하지만 시간이 지나면서 자신들의 말을 듣지 않는 신부님이나 수녀님을 탄압하기 시작했어요. 신부님과 수녀님들 중에서도 국민을 무시하고 자신들의 권력을 유지하기 위해 온갖 만행을 저지르는 독재 정권에 저항하는 분들이 있었기 때문이에요.

"신부님, 큰일 났습니다!"

"왜 그러십니까? 형제님."

"무히카 신부님께서 주검으로 발견되었습니다."

"오! 하느님……."

1974년 5월, 가난한 사람들을 위해 군부 독재에 반대하는 운동을 하던 무히카 신부를 군인들이 살해하는 사건이 일어났어요. 무히카 신부는 군인들에게 납치되어 심한 고문을 당한 뒤 들판에 시신으로 버려졌어요.

당시 무히카 신부는 부에노스아이레스 빈민촌에서 가난한 사람

무히카 신부는 가난한 사람들과 함께 생활하면서
권부 독재에 반대하는 운동을 펼쳤어요.

들과 함께 생활하고 있었어요. 이런 그에게 다른 신부님과 수녀님도 뜻을 보탰어요. 군인들 눈에는 무히카 신부가 가난한 이들을 선동해 자신들에게 저항하는 사람들의 지도자로 보였어요. 그래서 그를 살해한 거예요.

베르고글리오 신부는 우선 빈민촌에서 활동하는 다른 신부님들에게 목숨이 위험하니 빈민촌 활동을 중단할 것을 요청했어요. 관구장으로서 말이에요. 하지만 빈민촌에서 활동하는 신부님들은 가난한 사람들과 함께해야 한다며 그 말을 따르지 않았어요.

"베르고글리오 신부님, 예수님께서는 늘 가난한 사람들과 함께하라고 하셨잖아요. 예수님의 길을 따르는 저희도 곁에서 그들을 도와주는 것이 당연한 일이라고 생각합니다."

"네, 그런 뜻은 잘 알겠지만 세상이 험악해 목숨이 위태로우니 걱정이 돼서 그렇습니다. 무히카 신부님처럼 신부님들에게도 행여 무슨 일이 일어날까 봐 그래요."

베르고글리오 신부도 빈민촌에서 가난한 사람을 위해 활동하는 다른 신부님들의 뜻을 존중해 주고 싶었어요. 그러나 군부 독재 정권은 계속 베르고글리오 신부에게도 협박을 가했어요. 특히 두 명의 신부님을 납치해 무히카 신부처럼 살해할 수도 있다고 압박을 넣었어요.

1976년 3월에는 권력을 잡은 군인들이 아르헨티나 군사 통치

위원회를 조직했어요. 이들은 독재에 반대하고 가난한 사람들의 힘을 모으려는 신부님과 수녀님, 언론인, 정치인이 눈엣가시였어요. 그래서 법을 무시하고 자신들에게 반대한다는 이유로 잡아 가두고 고문하고 살해했어요.

1979년까지 군부 독재 군인들이 마구잡이로 잡아 가두고 죽인 사람들이 수만 명에 달했어요. 이 중에는 행방불명이 되어 소식이 끊긴 사람도 많았어요.

베르고글리오 신부는 너무나 마음이 아팠어요. 아르헨티나 사람들은 대부분 가톨릭 신자예요. 다른 사람의 의견을 듣지 않고 오직 자신들의 부귀영화를 위해 권력을 사용하는 군인들도 가톨릭 신자이고, 또 이들에 저항해 군부 독재를 몰아내고 민주주의를 회복하려는 사람들도 가톨릭 신자였죠.

군부 독재의 협박에 굴하지 않고

1976년 5월, 총을 든 군인과 경찰이 예수회 소속 올란도 신부와 프란치스코 신부를 체포하기 위해 두 신부님이 살고 있는 집으로 몰려 왔어요. 두 신부님은 빈민가에서 군사 독재에 반대하며 가난한 사람들이 가난에서 벗어날 수 있도록 많은 활동을 하고 있었어요.

"관구장님 어떻게 하지요? 우리 신부님 두 분이 끌려갔습니다."

"저도 보고를 받았습니다. 두 신부님은 군인들이 이야기하는 공산주의와는 전혀 관련이 없는 분들인데 도대체 왜 그러는지 모르겠습니다."

"관구장님, 가만히 계시다가 두 신부님도 무히카 신부님처럼 목숨을 잃을 수도 있습니다."

"네, 알고 있습니다. 다시는 그런 일이 일어나지 않도록 하겠습니다. 그러니 저를 위해 기도해 주세요."

베르고글리오 신부는 군인들 중에 최고 책임자를 찾아갔어요. 그때 아르헨티나는 비델라 장군이 권력을 휘두르고 있었어요. 비델라 장군은 자기 집에서 신부님을 모시고 미사를 드리는 가톨릭 신자이기도 했어요.

"장군님, 지금 신부님 두 분이 군인들에게 끌려갔다는 것 알고 계시지요?"

"관구장님, 두 신부님은 하느님의 말씀을 전하는 사제들이 아니라 공산주의 혁명을 꾀하고 가난한 사람들을 선동해 나라를 뒤엎으려는 불순한 사람들입니다."

"장군님, 예수님을 믿으시지요?"

"그렇고 말고요. 그러니까 집에서도 이렇게 예수님께 미사를 드리는 것 아니겠습니까?"

"예수님은 평생 어떻게 사셨습니까? 베들레헴의 말구유에서 태어나서서 결국 십자가에 못 박혀 돌아가셨습니다."

"그건 어렸을 적 교리에서 다 배운 것 아닙니까?"

"예수님이 돌아가실 때 죄목이 유대인의 왕이 되려 했다는 것이었습니다.* 그런데 예수님이 정말 권력을 잡고 왕이 되려고 하셨습니까?"

"예수님은 우리의 죄를 대신하기 위해 돌아가셨다고 배웠습니다."

"신부는 예수님을 따르는 사람입니다. 지금 장군님은 우리나라에서 가장 큰 권력을 가지고 계십니다. 그런데 예수님을 따르는 신부들을 끌고 가 감옥에 가뒀습니다. 두 신부님은 그저 빈민가에 가서 그들을 위해 헌신하셨을 뿐입니다. 예수님도 마찬가지였습니다. 헐벗고 가난한 사람들에게 사랑과 희망을 주시다가 유대인의 왕이라는 억울한 죄목으로 사형을 당하셨습니다. 장군님도 예수님을 감옥에 가두고 사형을 선고한 빌라도처럼 역사에 남고 싶으신 건 아니지요?"

---

* 유대인은 이스라엘 사람들을 뜻해요. 예수님이 살던 시기에 이스라엘 민족은 로마의 지배를 받고 있었어요. 그래서 로마에서 독립하려는 이스라엘 사람들이 있었어요. 로마는 독립운동을 하는 이스라엘 사람들을 탄압했어요. 예수님이 이스라엘 사람들에게 지지를 받자 로마는 예수님이 로마에 반기를 들고 유대인의 왕이 되려는 것으로 봤어요. 그래서 예수님을 잡아들여 심문했고 유대인의 왕이라는 죄목으로 사형 선고를 내리고 십자가형에 처했어요.

용감하고 소탈한 우리들의 신부님

"관구장님, 말씀 잘 들었습니다. 다시 생각해 보겠습니다."

결국 그해 10월, 올란도 신부와 프란치스코 신부는 풀려났어요. 베르고글리오 신부는 두 신부님이 군인들의 탄압을 피해 다른 나라로 가는 것을 몰래 도왔어요. 이후에도 자신이 할 수 있는 방법을 총동원해 불법으로 잡혀 있는 사람들을 석방하라고 탄원서를 넣고, 정부에 쫓기는 사람들을 은밀하게 지원했어요. 그리고 성당에서 혼자 조용히 기도했어요.

오! 하느님. 이 땅에 불의와 폭력이 넘치고 있습니다. 제가 불의와 폭력, 억압과 협박에 지지 않고 가난한 사람들과 하늘나라의 정의를 위해 사제로서 변치 않고 살아갈 수 있도록 도와주시길 간절히 기도합니다. 어서 빨리 군부 독재가 끝나 더는 죄 없는 사람들이 억울한 희생을 당하지 않도록 이 땅에 희망과 평화를 내려 주소서.

신부님, 고맙습니다!

아르헨티나의 군부 독재는 마침내 1983년에 끝이 났어요. 독재 정권이 물러나자 사람들은 독재 시절 탄압받았던 사람들을 돕지 않거나 군인들에게 협력한 신부를 찾아내려 했어요.

베르고글리오 신부에게도 의혹의 시선이 있었어요. 당시 독재자였던 비델라 장군의 집에 가서 미사를 집전했다는 소문이 흘러나오고 있었기 때문이에요. 특히 독재 정권에 반대한다는 이유로 예수회 소속 신부 두 명이 체포되어 고문받은 사건을 모른 척했다는 의심을 받았어요.

기자들은 베르고글리오 신부의 과거를 취재하기 시작했어요. 하지만 오히려 신부님이 박해받은 사람들을 도운 사실만 드러났어요. 올란도 신부와 프란치스코 신부 외에 다른 사람들도 베르고글리오 신부 덕에 목숨을 구했다고 증언하기 시작했어요.

"베르고글리오 신부님께서 저를 예수회의 기숙사 안으로 피신시켜 주셨습니다. 군인들이 예수회 기숙사까지는 수사할 수 없었거든요. 신부님의 허락이 아니었더라면 기숙사로 피신할 수 없었을 겁니다."

"베르고글리오 신부님께서 비행기 표를 구해 저에게 은밀하게 전달해 주셨습니다. 그때 외국으로 도망가지 않았더라면 저는 군인들에게 끌려가 쥐도 새도 모르게 죽었을지 모릅니다."

"베르고글리오 신부님은 평소에 직접 운전을 하고 다니셨어요. 그렇게 해도 예수회의 관구장이셨기 때문에 군인들도 함부로 할 수 없었습니다. 그런 점을 신부님은 잘 알고 있었습니다. 신부님이 운전하는 차를 타고 집에서 빠져나와 몸을 숨길 수 있었습니다."

기자들은 베르고글리오 신부가 군부 정권과 결탁한 사실을 찾아낼 수 없었어요. 오히려 신부님의 비밀스러운 행동 덕에 위험에서 벗어난 사람들이 하나둘씩 나오기 시작했어요. 법대로 판결하려다가 쫓겨난 여성 판사, 노조 활동가, 인권 운동가 등이 군부 독재 시절에 신부님으로부터 보호를 받았다고 증언했어요.

1980년 인권 운동으로 노벨 평화상을 수상한 아르헨티나의 아돌포 페레스 에스키벨은 이렇게 말했어요.

"80여 명의 주교 가운데 군인들의 독재에 협조한 주교가 분명 있었습니다. 하지만 우리의 인권 운동을 남몰래 도와준 성직자도 많았습니다. 그중 한 분이 베르고글리오 신부였습니다. 최근 일부 사람들이 신부님이 군사 정권에 협조했다고 주장하지만 그런 적은 없었습니다. 신부님은 위험에 처한 사람들을 남몰래 도와주었습니다."

가진 것 없는 이들의
친구가 되어

"성직자는 가장 작고

가장 버림받고

가장 아픈 사람들에게

마음을 집중해야 합니다."

프란치스코 교황

이웃집 할아버지 같은 신부님을 본 적이 있나요? 가난한 사람들을 위해 검소하게 살면서 같이 기도하며 그들의 사정에 귀 기울이고, 아픈 신자가 있으면 밤늦게라도 가서 기도해 주고, 누구의 말이라도 친근하게 잘 들어 주고, 교회에서 마련해 준 자가용 대신 버스를 타고 다니고, 시장에 가서 직접 장을 보는 신부님. 바로 베르고글리오 추기경이었어요. 이런 모습에 많은 사람들이 그를 존경하기 시작했지요.

용감하고 소탈한 우리들의 신부님

보좌 주교에 오르다

"베르고글리오 관구장님, 교황청에서 관구장님을 부에노스아이레스 보좌 주교로 임명했습니다. 조만간 공식 통보가 갈 것입니다. 공식 임명일은 20일입니다."

"저를요? 저는 주교가 될 만큼 훌륭한 사제가 아닌데 왜 저에게 이런 책임을 주시는지 모르겠군요. 저는 다른 주교님처럼 로마로 유학을 다녀오지도 않았는데 말이지요."

"관구장님, 아니 주교님. 모두 하느님의 뜻일 것입니다."

"네, 알겠습니다. 순종하겠습니다."

"그렇다면 주교 문장은 어떤 것을 쓰시겠습니까?"

"조금 더 시간을 주십시오. 주교 서품식 전까지는 늦지 않게 알려 드리겠습니다."

베르고글리오 신부는 1992년 5월, 아르헨티나 부에노스아이레스 대교구의 보좌 주교로 임명되었어요. 예수회 소속 신부들은 원래 주교나 추기경 등으로 직위가 올라가는 데 큰 관심을 두지 않기 때문에 놀라지 않을 수 없었어요. 관구장도 예수회 안에서는 높은 직위인데, 주교는 예수회뿐만 아니라 모든 신부들 가운데서 높은 직위이기 때문이에요. 회사로 치면 승진을 한 셈이에요.

신부가 될 때 성서의 구절을 따와서 자신의 표어로 삼는 걸 문장이라고 해요. 주교가 될 때도 다시 문장을 만들지요. 베르고글리오 신부는 주교가 되면서 마태복음 9장 9~13절에 있는 내용에서 문장을 만들었어요. 바로 '자비로이 부르시니'였어요. 사람들은 왜 그런 내용을 문장으로 정했는지 궁금했어요. 신부님은 이렇게 대답했죠.

"저는 죄인이지만 하느님께서 특별하게 자비를 내려 주셨답니다. 젊은 시절에 남을 가르치는 일을 맡았습니다. 또 사제 서품을 받고 바로 수련을 책임지는 수련장이라는 위치에 올랐고, 2년 반 후에는 아르헨티나 예수회를 책임지는 관구장에 올랐습니다. 저는 그 과정에서 제가 저지른 실수를 바탕으로 계속 배워 나갔습니다. 제가 저질렀을 수도 있는 죄와 잘못에 대해 용서를 구한다면 그것은 거짓된 행동일 것입니다. 제가 정말로 지은 죄와 잘못에 대해 용서를 구하기 위해 주님께서 자비로이 부르신다는 말씀을 문장으로 삼았습니다."

보좌 주교로 임명되어 관구장보다도 높은 자리에 올랐지만 일상은 크게 달라지지 않았어요. 여전히 가난한 사람들과 허물없이 지냈고 숙소나 식사도 똑같았어요. 청빈하고 소박하게 살아야 한다는 수도자의 자세를 잃지 않으신 거예요. 그러면서도 신자들에게 끊임없이 자신은 죄인이라며 기도해 달라고 부탁하셨어요. 그러면서 자신이 겪은 일화를 들려주셨어요.

제가 몇 해 전 부에노스아이레스 외곽에 있는 수녀원에 가야 할 일이 있었습니다. 기차 시간이 가까워져서 성당에 잠시 들러 기도를 한 다음 막 기차역으로 가려던 순간이었습니다. 그때 눈빛이 많이 불안정해 보이는 청년이 고해 성사를 해 줄 수 있는지 물어 왔습니다. 그때 저는 가난하고 힘든 사람을 돌봐야 하는 신부임에도 이렇게 말했습니다.

"곧 다른 신부님이 오시면 그분께 고해 성사를 하세요. 저는 지금 다른 일이 있어서 급히 나가 봐야 한답니다."

그런데 몇 발자국 가지 않아서 심하게 부끄러워졌습니다. 그래서 다시 젊은이한테 가서 다른 신부님이 늦을 것 같으니 제가 고해 성사를 하겠다고 했습니다. 그 젊은이의 고해 성사를 하고 성모 마리아상으로 가서 같이 기도했습니다. 기차를 놓칠 줄 알았는데 막상 기차역에 가 보니 기차가 연착되어 무사히 수녀원에 갈 수 있었답니다.

저는 고해 성사를 보러 온 젊은이를 외면하고 기차를 타러 가려고 했던 저 자신이 부끄러워 저 역시 고해 성사를 드렸습니다. 그것을 반성하지 않으면 다음 날 미사 시간에 신자들에게 예수님을 믿고 따르라고 하지 못할 것 같아서였지요.

변함없이 검소하고 소박한 주교님

베르고글리오 주교는 금세 신자들의 신뢰와 존경을 받았어요. 잘못한 것을 남 앞에서 솔직하게 이야기하고 반성하는 모습을 보여 주었을 뿐만 아니라, 아이부터 노인까지 남녀노소 누구의 말도 소탈하게 잘 들어 주었어요. 높은 자리에 올라가면 권위적이 되고 남의 말을 듣기보다 자기 말만 하기를 좋아하는 이들이 많지만, 주교님은 변함이 없었어요. 이런 주교님의 이야기는 교황청까지 들어갔어요.

여기서 잠깐

성모 마리아상은 왜 만들었을까요?

사람들이 오해하는 것 중 하나가 가톨릭이 '예수님의 어머니인 성모 마리아를 믿는 종교 아니냐?'는 것이에요. 성당에 가면 성모 마리아상도 있기 때문이죠. 가톨릭은 성모 마리아를 믿는 것이 아니라 모든 성인들 가운데 가장 높은 공경의 대상으로 봐요. 성모 마리아에게 기도를 하는 것이 아니고, 성모 마리아에게 우리를 위하여 하느님께 빌어 주시기를 청하는 거예요.

성모 마리아는 하느님의 말씀에 순종해 예수님을 낳고 키웠어요. 또 아들인 예수님이 십자가에 못 박혀 죽는 것을 지켜봐야 했어요. 그래서 사람들은 성모 마리아가 우리의 마음을 누구보다 잘 알고 있다고 여겼어요. 옛날 가톨릭 신자들은 우리의 기도를 듣고 하느님께 같이 기도해 주실 거라고 생각해 성모 마리아상을 만들었어요.

보좌 주교가 된 이후 5년 뒤인 1997년 5월, 베르고글리오 주교는 교황청의 아르헨티나 대사인 칼라브레시의 집에 초대받았어요.

그런데 대사의 집에서 식사를 마친 뒤 깜짝 놀랐어요. 갑자기 케이크와 샴페인을 들고 사람들이 나타났기 때문이에요. 주교님은 대사님의 생일인 줄 알고 말했어요.

"생일 축하드립니다."

그러자 대사님은 웃으면서 대답했어요.

"오늘은 제 생일이 아닙니다. 주교님, 축하드립니다. 이제 부에노스아이레스의 부주교이십니다. 교황청에서 주교님을 부주교로 임명했습니다."

부주교는 보좌 주교보다 한 단계 높은 직위예요. 부주교 다음에는 대주교에 오를 수 있지요. 대주교는 다시 추기경이 될 수 있고, 전 세계 추기경들은 교황을 뽑을 수 있는 투표권과 교황이 될 수 있는 자격을 동시에 가져요.

베르고글리오 주교는 관구장에서 보좌 주교가 된 지 5년 만에 부주교로 올라갔어요. 그리고 1998년 2월, 부에노스아이레스 교구를 책임지던 콰라시노 추기경이 돌아가신 다음 또다시 대주교에 임명됐어요. 부에노스아이레스 교구의 젊은 신부들은 누구보다 기뻐했어요.

"베르고글리오 주교님이 대주교가 되시다니 참 다행이야."

"그러게. 주교님은 살기 좋은 대주교 사택으로 이사 가는 걸 거부하셨다고 하던데."

"맞아. 더 작은 아파트로 이사하셔서 식사도 직접 해 드시고, 교회에서 마련해 준 자가용 대신 지하철을 타고 다니신다고 하더라고."

"나도 지난번에 지하철 타고 시내에 가는데 주교님을 뵌 적이 있어. 주변 승객들이랑 서슴없이 이런저런 이야기를 나누고 계시던걸."

"주교님이 직통 전화번호를 알려 주셨을 때 진짜 받으실까 했는데 정말 받으시더라. 보통 비서나 다른 사람이 전화를 받아서 넘겨 주던데 역시 다르셨어."

"지난번에 우리 동기 신부가 아파서 병원에 입원했는데 주교님이 오셔서 밤새 간호해 주셨다고 하더라고. 이런 주교님은 베르고글리오 주교님이 처음일 거야."

"부에노스아이레스에서 자가용 없이 다닌다는 게 쉬운 일이 아닌데, 주교님은 매번 지하철이나 버스를 타고 다니시니 그것도 참 보기 좋아."

"그래. 우리도 주교님처럼 검소하고 소박하게 살아야 해. 대주교가 되셨으니 이제 곧 추기경에도 오르실 거야."

"나중에 교황이 되시는 게 아닐까?"

"글쎄. 아직 남미에서 교황이 나온 적은 없잖아. 힘들지 않을까?"

"모르는 일이야. 하느님께서 하시는 뜻을 우리가 짐작할 수 없지. 어쨌든 베르고글리오 주교님이 대주교에 오르셨으니 신나고 기쁜 일임에는 틀림없어."

부자들을 위해 신부가 된 것이 아니에요

베르고글리오 주교는 대주교에 오른 이후 특히 가난한 사람들을 위해 기꺼이 빈민가에 들어가서 살아가는 신부들을 응원했어요.

부에노스아이레스는 아르헨티나에서 가장 큰 도시지만 빈부 격차도 컸어요. 특히 시민의 3분의 1이 제대로 된 일자리가 없고 하루 먹을 끼니를 걱정해야 하는 빈곤층이었어요. 이들은 비야스라고 불리는 빈민촌 20여 곳에 살았어요.

주교님은 대주교가 된 이후에도 빈민가에 들러 가난한 사람들을 위해 미사를 드리고 그들의 어려운 이야기를 들어 주었어요. 빈민가는 폭력, 마약, 인신매매 등 범죄가 끊이지 않는 무척 위험한 동네였지만 전혀 두려워하지 않고 자주 방문했어요. 주변 사람들이 주교님에게 빈민가는 위험하니 가지 마시라고 말렸죠. 그러자 주교님은 이렇게 말했어요.

"빈민촌에 사는 어렵고 가난한 사람들도 모두 우리의 형제, 자매들입니다. 위험하다고 하지만 그렇지 않습니다. 사제가 가진 게 없으면 위험하지 않습니다. 우리는 부자들을 위해 신부가 된 것이 아니에요. 예수님은 가난하게 사시다가 십자가에 못 박혀 돌아가셨다는 사실을 잊으면 안 됩니다. 가난하고 어려운 사람들의 이야기를 자꾸 들어야 합니다. 저는 하나도 두렵지 않습니다. 대신 제게 별일이 없도록 저를 위해 기도해 주세요."

처음에는 반대하던 다른 신부들도 차츰 가난한 사람들을 찾아 빈민가에서 같이 살며 활동을 하기 시작했어요. 주교님은 다른 신부들도 자신처럼 가난한 사람들을 위해 검소하고 소박하게 살면서 같이 기도하고 그들의 속사정을 들어 주는 모습을 보며 보람을 느꼈어요.

새 옷을 맞출 필요는 없습니다

베르고글리오 대주교는 교구에 있는 성직자들의 최고 책임자이자 신자들을 돌보는 가장 큰 어른이었어요. 2001년 당시 교황이었던 요한 바오로 2세는 마침내 베르고글리오 대주교를 추기경으로 임명했어요. 추기경이 되기 위해서는 교황이 살고 있는 이탈리아 로마 안에 있는 바티칸 시국으로 가야 했어요. 그리고 추기경이 입는 옷도 새로 맞춰야 했어요.

"대주교님, 이제 추기경이 되셨으니 새로운 제의를 입으셔야 합니다."

"네, 알고 있습니다. 돌아가신 콰라시노 추기경님이 저와 체격이 비슷하셔서 다행입니다."

"무슨 말씀이신지요?"

"가난하게 사는 신자들이 많은데 굳이 돈을 들여서 새로운 추기경 옷을 만들 필요는 없을 것 같습니다. 콰라시노 추기경님이 입으시던 옷을 약간만 손질해서 입으면 될 듯합니다."

"그래도 한 번밖에 없는 추기경 임명식인데 새 옷을 입는 게 좋지 않을까요?"

"가난한 사람들을 위해 사신 예수님을 따르는 사제가 남보다 좋은 옷을 입고 맛있는 것을 먹고 편안하게 사는 것은 예수님 보기에 부끄러운 일입니다. 새 옷은 맞출 필요가 없습니다. 바티칸으로 가는 비행기 표도 비싼 것으로 하지 마세요. 비행기 표값을 아낀 돈으로 가난한 이들을 위해 기부하겠습니다.

또 한 가지 부탁이 있습니다. 저의 추기경 임명은 제 개인의 영광이 아니라 아르헨티나 가톨릭 교회의 경사이기도 합니다. 그래서 축하해 주시려고 바티칸까지 오겠다는 분들이 많다는 것을 알고 있습니다. 그분들이 저를 축하하기 위해 여행 경비를 쓰기보다는 그 돈을 가난한 이웃을 위해 쓰는 것이 더 보람 있을 것 같습니다. 그러니 신자들에게 저의 추기경 임명식을 축하하러 유럽에 가는 대신 그 돈을 다른 곳에 기부하라고 전해 주세요."

"네, 알겠습니다. 대주교님의 뜻을 따르겠습니다."

추기경이 된 베르고글리오 신부는 할 일이 더 많아졌어요. 아르헨티나의 가톨릭 신자들을 이끌고 사제들도 지도해야 했기 때문이에요. 그래도 여전히 처음 신부가 되었을 때처럼 변함없이 검소하게 살았어요.

2003년 베르고글리오 추기경이 라디오에 출연하기 위해 방송국에 간 적이 있어요. 진행자는 추기경님의 모습을 보고 깜짝 놀랐습니다.

"고위 성직자인 추기경께서 낡은 구두를 신고 거리에서 흔히 살 수 있는 싸구려 시계를 차고 계셨습니다. 그런 높은 자리에 계시면 당연히 좋은 신발과 시계를 갖고 계실 거라 생각했는데 그렇지 않았어요. 아르헨티나에서 최고 지위에 있는 성직자처럼 보이지 않았습니다. 말 그대로 빈민촌에서 일하는 신부님처럼 보였습니다."

추기경님은 행사에 가서도 자신을 높이 떠받드는 것을 싫어했어요. 자신을 위해 특별히 마련된 자리가 있으면 그렇게 하지 말라고 당부했어요. 높은 단상에 따로 앉는 것보다 일반 참가자들과

추기경이 된 베르고글리오 신부의 모습.

함께 나란히 앉는 것을 좋아했어요. 이런 모습이 자주 알려지면서 성당에 다니지 않는 사람들도 추기경님에게 관심을 갖기 시작했어요.

운전기사나 따로 집안일을 해 주는 사람을 고용하지 않고, 손수 낡은 차를 운전해 다니거나 대중교통을 애용했어요. 버스를 타고 다니며 사람들이 살아가는 모습을 보는 것을 좋아했어요. 택시는 비싼 요금 때문에 잘 이용하지 않았어요.

집무실에 손님이 오면 어린 시절 어머니에게 배웠던 요리 솜씨를 발휘해 직접 스파게티 같은 음식을 만들어 대접했어요. 숙소에도 나무 침대 외에는 별다른 가구를 들여놓지 않았어요. 침구도 스스로 정리했어요. 시장에 가서 직접 장을 보고, 아픈 신자가 있으면 밤늦게라도 가서 기도해 주었어요.

이전 추기경들과는 달리 이웃집 할아버지 같은 베르고글리오 추기경의 모습은 신자들과 다른 사제들에게도 많은 영향을 주었어요. 예수님의 말씀을 직접 실천하는 것이 무엇인지 몸소 보여 주셨기 때문이에요.

고통받는 사람들 곁에 있으라

"추기경님, 큰불이 났습니다!"

"네? 어디서요?"

"추기경님 사택 근처에 있는 레푸블리카 데 크로마뇬이라는 나이트클럽입니다. 젊은이들이 연말을 맞아 많이 갔다고 하는데 큰일입니다."

"그래요? 그곳은 저도 평소에 지나가던 곳인데 빨리 나가 봅시다."

"저희가 소방관도 아닌데 가서 무엇을 하겠습니까?"

"아니에요. 우리가 가서 도울 일이 있을 거예요. 모쪼록 다치는 사람이 없어야 할 텐데 걱정이군요."

2004년 12월 30일, 베르고글리오 추기경이 사는 동네 근처에 있는 나이트클럽에서 큰불이 났어요.

1,500명가량의 젊은이들이 록 밴드의 공연을 즐기기 위해서 나이트클럽에 모였어요. 누군가 폭죽을 쏘아 올렸고 그 폭죽 때문에 천장에 불이 붙었어요. 이내 나이트클럽은 유독 가스로 가득 찼어요. 사람들은 현장을 벗어나기 위해 출구로 달려나갔지만 많은 사람이 빠져나오지 못했어요. 혹시라도 술값을 내지 않고 나가는 사람이 있을까 봐 나이트클럽 사장이 출입문을 잠가 놓았기 때문이에요. 또 규정을 어기고 사람을 너무 많이 입장시켜 대피하기가 어려웠어요.

가까스로 나이트클럽 바깥으로 대피한 젊은이들은 두려움에 떨면서 겁에 질려 있었어요. 이때 할아버지 한 명이 여러 명의 어른들을 데리고 와서 이들에게 옷을 건네고 진정시키기 시작했어요. 할아버지는 직접 부상자를 돌보기도 하고 소방관에게 도움을 청하기도 했어요. 이런 모습은 현장에 나온 방송국 카메라를 통해 전국에 생중계되었어요.

"성부와 성자와 성령의 이름으로 기도드립니다. 이제 별일 없을 겁니다. 따뜻한 물을 드릴 테니 진정하고 숨을 돌리고 있어요."

"고맙습니다. 그런데 할아버지는 누구시죠?"

"저는 옆 동네에 사는 베르고글리오 신부랍니다."

"아! 혹시 추기경님 아니세요?"

"지금은 제가 추기경인 게 중요하지 않아요. 어서 몸을 추리고 집에 무사히 돌아가길 기도할게요."

"추기경님! 저희를 위해서도 기도해 주세요."

"네, 소방관들이야말로 남을 위해 희생하는 고귀한 분들입니다. 힘이 들겠지만 더 많은 젊은이를 구해 주세요."

"추기경님이 직접 이런 화재 현장에 오실 줄은 몰랐습니다."

"제가 와서 괜히 불편하게 만든 건 아닌지 모르겠군요. 어쨌든 빨리 사람들을 구합시다."

"추기경님 덕에 저희가 큰 힘을 얻었습니다."

이날 나이트클럽의 화재로 끝내 195명이 목숨을 잃었고 700명이 넘는 사람이 부상을 입었어요. 연말에 수도의 중심가에서 일어난 화재로 젊은이들이 많이 죽자 아르헨티나 국민들은 큰 슬픔에 빠졌어요.

베르고글리오 추기경은 미사를 드리면서 화재 희생자들을 위해 기도했어요. 그리고 화재의 원인을 철저히 규명하고 잘못한 사람들은 벌을 받아야 한다고 주장했어요. 그래야 다시는 그런 일이 일어나지 않을 테니까요.

"추기경님, 말씀하신 대로 소방 법률을 정비해 나이트클럽에 대한 관리 감독을 대폭 강화하겠습니다."

아르헨티나 정부는 이후 화재 사건이 다시 발생하지 않도록 법을 바꾸는 등 추기경님의 조언에 따랐어요. 그리고 나이트클럽 사장 등 화재에 책임을 져야 할 사람들을 법의 처벌을 받도록 재판에 넘겼어요.

하지만 재판에 넘겨진 사람들에게 제대로 벌을 내리지 않았어요. 나이트클럽 화재로 목숨을 잃은 자녀를 둔 부모들은 분노했어요. 잘못한 사람이 벌을 받아야 다시는 그런 일이 일어나지 않을 텐데 오히려 무죄를 선고받았기 때문이에요. 왜 불이 났고 많은 이들이 다치고 죽어야 했는지 원인을 규명하는 일에도 책임자들이 적극적으로 나서지 않았어요.

"누구나 잘못을 할 수 있습니다. 그러나 잘못을 했으면 죄를 인정하고 용서를 바라고 회개해야 합니다. 그런데 젊은이들이 수백 명이나 죽은 화재 사건에 책임자들은 무죄를 선고받고 자신들은 아무런 잘못이 없다고 합니다. 이런 일이 반복되면 또 그런 화재가 일어나지 말란 법이 없습니다. 정부는 계속 이 사건에 관심을 갖고 잘못한 사람들에게 벌을 주어야 합니다."

베르고글리오 추기경의 노력 덕에 어영부영 넘어가려던 사건의 실체가 점점 밝혀졌어요. 화재가 일어난 원인과 늦게 구조가 시작된 이유가 드러났어요. 화재로 인해 자식을 잃은 어머니들은 추기경님에게 고마움을 느꼈어요,

"추기경님이 아니었다면 아무도 잘못한 사람이 없다는 식으로 화재 사건이 넘어갔을 거야."

"그러게. 베르고글리오 추기경님은 이전 추기경님들이랑 다른 것 같아. 화재가 났을 때도 직접 현장에 가서서 다친 사람들을 도왔잖아."

"맞아! 추기경님은 미사만 드리고 높은 사람들만 만나는 분은 아니신 것 같아."

"추기경님이 아니었으면 화재 사건으로 자식을 잃은 부모들은 무척 억울했을 거야. 추기경님이 계속 진상을 규명하자고 하고 잘못한 사람들을 처벌하자고 하니 정부에서도 못 들은 척하기가 어려웠을걸."

용감하고 소탈한 우리들의 신부님

"정말 추기경님 같은 분이 교황이 되면 좋겠어. 높은 곳에 올라도 변하지 않고 늘 어려운 사람들을 먼저 찾아와 함께 아파해 주실 테니까."

우리가 먼저 시작하면 어때요?

"지금 세계에서 가난한 사람들은 마치 그림자 취급을 당합니다. 그들은 눈에 보이지 않는 사람들이자 억압받는 사람들입니다. 어느덧 그들을 쓰레기처럼 여기기까지 합니다."

베르고글리오 추기경은 2007년 브라질 아파레시다에서 열린 제5차 남미 주교 회의에서 가난한 사람은 더 가난해지고 잘사는 사람만 더 잘살게 되는 지금의 경제 구조에 문제가 있다고 비판했어요. 또 예수님을 따르는 신앙인은 단순히 자기만 잘살기를 바라서는 안 된다고 강조했어요. 비록 가난해도 열심히 노력하면 가난에서 벗어날 수 있도록 가진 사람들이 도와야 한다고요.

집에 돈이 없거나 부모님이 없어 아이들이 교육을 제대로 받지 못하고, 마약이나 폭력에 물들어 인생을 제대로 살 수 없는 상황도 우리 모두에게 책임이 있다고 하셨어요. 버리는 음식이 넘쳐나는 반면 돈이 없어 음식을 먹지 못하는 사람도 많은 것이 과연 옳으냐고 물으셨어요. 특히 어린아이들에게 가혹하게 일을 시키고 제대로 돈을 주지 않는 아동 착취 노동은 범죄라고 비판하셨죠.

"하느님께서 모든 것을 허락하신 이 땅에서 식량과 일자리가 부족해 누군가 굶어 죽는다는 것은 부당한 일입니다. 빈곤한 사람들이 점점 늘어나고 있는 것이 현실입니다. 이는 하느님이 원하시는 공평한 일이 아닙니다. 소수의 사람이 많은 자원을 갖고 이것을 나누지 않기 때문에 그렇습니다. 이런 것은 바뀌어야 합니다."

추기경님의 이야기는 아르헨티나 사람들의 마음을 움직였어요. 아르헨티나는 가난과 전쟁을 피해 유럽에서 이민을 올 정도로 살기 좋은 나라였지만, 군부 독재를 거치면서 소수의 군인이 자기들만 잘 먹고 잘살기 위해 국민들을 괴롭힌 탓에 빈부 격차가 크게 벌어졌어요.

추기경님은 이런 아르헨티나의 문제를 해결하는 데 신자들이 나설 것을 부탁했어요. 예수님을 믿는 신자들이 정작 주변의 어렵고 가난한 사람들을 돕지 않으려 한다는 것은 앞뒤가 맞지 않는 일이니까요.

가난한 이웃을 도와야 하는 이유

만약에 예수님이 부활하시면 이렇게 말씀하실 겁니다.

"너희가 내가 배고플 때 나에게 음식을 주었고, 목마를 때 마실 것을 주었으며, 헐벗고 있을 때 옷을 입혀 주었고, 내가 아플 때 나를 찾아와 위로해 주었구나."

그럼 이 이야기를 들은 사람들이 이렇게 말할 거예요.

"제가 예수님을 뵌 적도 없는데 어떻게 그런 일이 있겠습니까?"

그러면 예수님께서 이렇게 말씀하시겠지요.

"가난한 사람에게 베풀어 주는 것이 곧 나에게 베풀어 주는 것이란다."

하지만 예수님은 어떤 사람들에게 가서는 이렇게 말씀하실 수도 있습니다.

"너희는 여기서 나가라. 너희는 내가 배고플 때 음식을 주지 않았구나."

그러니 우리는 우리 곁의 가난한 사람들을 도와야 합니다.

베르고글리오 추기경의 이야기에 어떤 사람들은 불만을 제기하기도 했어요. 얼핏 들으면 모든 것을 다 함께 나눠야 한다는 주장처럼 들렸거든요. 자신이 노력한 만큼 돈을 벌 수 있는 자본주의 사회에서 잘사는 사람과 가난한 사람이 생기는 것은 당연한 일이라고 여겼으니까요.

그럴 때마다 추기경님은 이렇게 이야기했어요.

"우리는 복음에 의해 심판을 받게 될 거예요. 예수님은 복음을 통해 이웃을 내 몸같이 사랑하라고 이르셨어요. 그러므로 빵과 일자리가 없는 사람들이 주변에 있다는 것은 결국 우리 모두의 책임입니다."

이런 말씀과 함께 스스로도 검소하고 소박하게 사는 추기경님에 대해 신자들의 신뢰가 나날이 높아졌어요.

2007년 어느 날, 추기경님이 부에노스아이레스 빈민가에 가서 수백 명의 주민들과 대화를 나누던 중에 자신을 벽돌공이라고 밝힌 한 남자는 일어나 이렇게 말했답니다.

"저는 가난하게 사는 벽돌공입니다. 저는 추기경님이 무척 자랑스럽습니다. 제 친구들과 함께 버스를 타고 이곳으로 오는데, 추기경님이 마치 이곳에 사는 할아버지처럼 마지막 줄에 앉아 계셔서 버스에 타신 줄도 몰랐습니다. 제가 알아보고 친구들에게 '저분이 추기경님이야'라고 말했지만 믿지 않더군요. 그런 추기경님이 저는 너무 자랑스럽습니다."

용감하고 소탈한 우리들의 신부님

아르헨티나는 어떻게 민주화되었나요?

아르헨티나는 1880년부터 1929년 대공황이 일어나기 전까지 세계적으로 잘사는 나라 중 열 손가락 안에 꼽혔어요. 특히 넓은 땅에서 나는 농산물을 수출해 부자 나라가 됐지요. 공장도 늘어나 농부보다 공장에서 일하는 사람이 많아지기 시작했어요. 하지만 공장 주인들은 공장에서 일하는 사람들을 제대로 대우하지 않았어요. 노동자들의 불만이 쌓여 갔지요.

그래서 1946년 후안 페론 대통령은 사회 복지에 힘쓰기 시작했고 인기를 끌었어요. 노동자들의 목소리가 커질수록 여러 가지 잘못된 관행을 고치려는 움직임이 일어났어요.

이것을 못마땅하게 여긴 군인들이 나라를 지키기는커녕 오히려 대통령을 쫓아내고 자신들이 정권을 잡았어요. 군인들은 국가를 법에 따라 여러 사람의 의견을 들으며 운영하지 않고, 자기들끼리 멋대로 하기 시작했어요. 국민을 위하기보다 자신들을 위해 권력을 사용했어요.

군인들의 독재 정치는 1976년부터 심해졌어요. 군사 정부는 불법적인 수단을 동원해 자신에게 반대하는 사람들을 무자비하게 괴롭히기 시작했어요. 단지 군사 정권을 비판한다는 이유로 아무렇게나 잡아서 가두고 바다에 빠뜨려 죽였어요. 그렇게 희생당한 사람이 약 3만 명이나 됐어요. 3만 명 중에는 공산주의자라는 누명을 쓰고 억울하게 희생당한 사람도 많았어요.

당시에 공산주의는 소련을 비롯한 공산 국가가 따르는 사상이었어요. 공산주의는 개인의 종교와 재산을 인정하지 않아요. 그래서 자유 민주주의 국가에서 공산주의는 위험하다고 보고 공산주의를 무너뜨리려 했어요.

군사 정부는 신부나 수녀 중에도 공산주의자가 있어 아르헨티나를 공산주의 국가로 만들려고 모의를 꾸민다고 우겼어요. 신부나 수녀는 신을 믿는 성직자라서 공산주의자가 될 수 없는데도 그랬어요. 그 사람들이 자신들의 잘못과 비리를 비판했기 때문이에요.

이러다 보니 나라가 점점 혼란스러워졌어요. 국민 10명 중의 4명이 밥을 제때 못 먹는 빈곤층으로 떨어졌어요. 가정의 가장인 아버지들 가운데 직장을 다니지 못하는 사람이 5명 중의 1명이나 될 정도로 실업률도 높아졌어요. 100여 년 전 세계에서 가장 잘사는 나라 10위 안에 들던 아르헨티나는 계속 국력이 약해지고 국민들도 가난해졌어요.

하지만 군인들은 이런 것과는 상관없이 오직 권력 유지를 위해 부정부패를 일삼고 자기들만 잘 먹고 잘살려고 국민들을 계속 탄압했어요.

아르헨티나 국민들은 더 이상 군사 정부를 견딜 수가 없었어요. 또 많은 국민들이 군사 정부가 잘못하고 있다는 것을 알게 되었어요. 군사 정부가 바른말 하는 사람들을 잡아다 가뒀지만 계속 비판하는 사람들이 나왔기 때문이에요.

그런데 1982년 군사 정부가 영국과 포클랜드 섬을 두고 무리하게 전쟁을 벌였다가 지고 말았어요. 결국 선거를 통해 군사 정부는 끝나고 군인들은 정권을 잃었어요. 새로 대통령이 된 라울 알폰신 대통령은 군사 정부의 권력자들을 처벌하고, 억울하게 희생당한 사람들을 위해 여러 가지 일을 했어요.

용감하고 소탈한 우리들의 신부님

전 세계가 깜짝 놀란
교황의 탄생

새로운 성직자의
모습이란

"지금 우리 주교와 백성들은 새로운 길을 걷기 시작합니다.

이 길은 세상의 모든 교회를 사랑 안에서

이끄는 로마 가톨릭 교회의 길입니다.

이 길은 우정과 사랑과 신뢰의 길입니다."

프란치스코 교황

2013년 3월 13일 오후 7시 6분. 바티칸의 시스티나 성당 굴뚝에는 새 교황 탄생을 알리는 하얀 연기가 피어올랐어요. 성 베드로 광장을 가득 메운 사람들은 월드컵 우승이라도 한 듯 기쁨에 찬 환호성을 질렀어요. 최초로 남미 출신인 프란치스코 교황이 선출되자 전 세계 언론도 빠르게 소식을 전하기 시작했죠. 가톨릭의 최고 지도자가 된 프란치스코 교황은 이전 교황들과 다른 모습으로 사람들을 놀라게 했답니다.

베네딕토 16세, 교황직을 내려놓다

"저는 이제 더 이상 교황직을 수행하기 어려울 것 같습니다. 교황직에서 사임하겠습니다. 후임 교황을 뽑을 수 있도록 콘클라베를 소집해 주세요."

"지금까지 교황께서 스스로 물러나신 적이 없었습니다."

"제 나이가 벌써 86세입니다. 저보다 나은 분이 교황직을 수행해 주시길 바랍니다. 오랜 기도 끝에 내린 결정입니다."

"교황님의 뜻이 그러하시다면 조만간 전 세계 추기경들을 모아 새로운 교황을 선출하겠습니다."

"성령께서 우리가 하는 일을 인도해 주실 테니 걱정하지 마세요."

2013년 2월, 베네딕토 16세 교황이 스스로 교황 자리에서 물러나겠다고 선언했어요. 교황에 선출되면 세상을 떠날 때까지 교황 자리에 있었던 전통을 깬 거예요. 자신은 나이가 들어 제대로 판단하고 일을 보기 어렵다며 후임 교황을 선출하는 것이 교회를 위해 더 좋은 일이라고 하셨어요.

나이지리아의 프랜시스 아린제 추기경은 베네딕토 16세 교황의 자진 사임을 높이 평가했어요.

교황님의 사임은 우리 모두를 위해 매우 좋은 선례가 될 것입니

전 세계가 깜짝 놀란 교황의 탄생

다. 꼭 가톨릭 성직자에게만 해당되는 것이 아니라, 세상을 정의롭고 평화롭게 만들기 위해 일한다면서 정작 자신의 지위를 양보하지 않으려는 정치인이나 공직자에게도 해당하는 일이기 때문입니다.

베네딕토 16세 교황께서 보여 준 결단이 교회뿐만 아니라 국가, 대학, 단체 누구에게나 교훈이 되기를 바랍니다. 봉사를 한다면서도 권위와 기득권을 놓치지 않으려는 모든 사람에게 살아 있는 교훈이 되기를 바랍니다.

교황청은 새로운 교황을 뽑기 위한 작업에 착수했어요. 80세 이하 추기경만 교황 선거에서 투표권을 행사할 수 있고, 전 세계 50개국 117명의 추기경이 여기에 해당됐어요. 이 가운데 115명의 추기경이 2013년 3월 12일 바티칸의 시스티나 성당에 들어가 새로운 교황을 뽑기 위한 선거를 시작했어요.

물론 베르고글리오 추기경도 이 선거에 참여했어요. 사실 2005년 교황 요한 바오로 2세가 돌아가시고 베네딕토 16세가 교황이 될 때 베르고글리오 추기경도 교황 후보에 올랐어요. 하지만 독일의 라칭거 추기경이 교황이 될 수 있도록 양보했답니다. 그래서 라칭거 추기경이 265대 교황에 오르면서 베네딕토 16세가 된 거예요.

교황을 뽑는 일은 무척 중요한 일이에요. 교황은 가톨릭 신자들의 최고 지도자이자 전 세계에 영향력을 발휘하는 자리이기 때문이에요. 불과 수백 년 전까지만 해도 유럽 대부분 나라의 왕은 교황의 요청을 거절할 수 없었어요. 교황의 선택에 따라 여러 가지 제도가 바뀔 정도로 권한이 막강했어요.

전 세계에서 모인 115명의 추기경은 '어떤 추기경을 교황으로 선출해야 보다 많은 사람이 하느님을 믿고, 가톨릭 교회에 있는 여러 가지 문제를 해결할 수 있을까?'에 대해 서로 대화하며 고민을 나누기 시작했어요.

그동안 교황은 대부분 유럽 출신의 추기경이 뽑혔어요. 가톨릭 신자는 남아메리카와 아시아에 더 많은데, 오랫동안 유럽에서 교황이 나와 다른 국가의 신자들은 조금 아쉽기도 했어요. 세상은 빠르게 변화하는데 이런 속도에 대응하지 못하고 옛날 것만 고수하려는 분위기가 못마땅한 신자도 많았어요. 특히 유럽 출신의 추기경들은 변화보다는 전통을 지키자고 주장해서 갈등을 빚기도 했죠.

새로운 교황이 선출되었습니다!

베르고글리오 추기경은 자신이 교황이 되리라고 생각하지 않았어요. 지금까지 남아메리카 출신의 추기경 중에서 교황으로 뽑힌 분은 없었어요. 그래서 투표가 끝나는 대로 다시 부에노스아이레스의 추기경 집무실로 돌아가기 위해 미리 비행기 표도 예약해 놓았어요.

그런데 다른 추기경들의 생각은 달랐어요. 베르고글리오 추기경이 아르헨티나에서 개혁적인 활동을 하며, 특히 가난한 사람들을 위해 헌신하고 있다는 것을 잘 알고 있었어요. 또한 권력이 집중되는 교황청의 개혁을 이끌 사람으로 그가 적임자라는 데 동의했어요.

그럼에도 당시 바티칸의 언론사들은 새로운 교황은 유럽 출신의 추기경 중에서 선출될 것이라고 예상했어요. 사실 교황 선거에 참여한 추기경은 대륙별로 유럽 18개국 61명, 북아메리카 14개국 17명, 남아메리카 11개국 16명, 아프리카 11개국 16명, 아시아 7개국 11명, 오세아니아 1개국 1명 순이었어요. 그만큼 유럽 출신의 추기경이 표를 가져가기 유리한 상황이었어요.

마침내 3월 12일, 베르고글리오 추기경도 교황 투표를 위해 바티칸의 시스티나 성당으로 들어갔어요.

"엑스트라 옴네스Extra omnes."

선거권을 가지지 않은 사람은 모두 나가 달라는 라틴어 음성이 들린 이후 드디어 교황 선거가 시작됐어요. 그러나 첫 번째 투표에서는 과반수의 표를 얻은 추기경이 나오지 않아 교황을 뽑지 못했어요.

베르고글리오 추기경은 차분한 마음으로 기도하며 다음 투표를 기다렸어요. 2005년 교황 선거 때와 달리 다른 추기경들이 자신에게 여러 가지를 물어보는 게 조금은 이상하게 느껴지기도 했지만요.

새로운 교황에 선출되려면 77표 이상을 받아야 했어요. 그리고 마침내 다섯 번째 투표에서 새로운 교황이 선출되었어요!

2013년 3월 13일 오후 7시 6분. 바티칸의 시스티나 성당 굴뚝에는 새 교황 탄생을 알리는 하얀 연기가 피어올랐어요. 교황이 선출되지 않으면 검은 연기를 피워 올리고, 새 교황이 뽑히면 하얀 연기를 피워 올리는 것이 교황 선거의 전통이거든요.

드디어 한 시간 뒤에 "새로운 교황이 선출되었습니다"라는 발표와 함께 새 교황이 성 베드로 대성당 중앙 발코니에 모습을 나타냈어요. 바로 베르고글리오 추기경이었어요! 살짝 상기된 표정의 추기경님은 교황 선출을 기다리며 모여 있던 수많은 신자들을 향해 처음 인사말을 했어요.

"형제자매 여러분, 안녕하십니까?"

광장을 메운 신자들은 큰 환호성과 함께 새로운 교황의 탄생을 기뻐했어요. 세계 각국의 언론사들도 긴급 속보로 베르고글리오

성 베드로 대성당 중앙 발코니에서 교황으로 선출된 후
처음으로 사람들 앞에 나선 프란치스코 교황.

추기경의 교황 선출을 보도하기 시작했어요. 고국인 아르헨티나에서는 마치 월드컵 우승이라도 한 것처럼 사람들이 거리로 쏟아져 나와 교황 선출을 축하했어요.

부디 저를 위해 기도해 주세요

새로운 교황으로 선출된 베르고글리오 추기경은 인사에 이어 차분히 소감을 밝히기 시작했어요.

"지금 우리 주교와 백성들은 새로운 길을 걷기 시작합니다. 이 길은 세상의 모든 교회를 사랑 안에서 이끄는 로마 가톨릭 교회의 길입니다. 이 길은 우정과 사랑과 신뢰의 길입니다."

가톨릭 성직자들의 최고 지도자이자 12억 가톨릭 신자들의 최고 어른이 된 베르고글리오 추기경은 이전 교황과는 다른 모습을 보여 사람들에게 감동을 주었어요.

먼저 교황으로 선출된 후 처음 신자들 앞에 나설 때 교황이 입는 보라색 제의를 걸치지 않고 하얀 수단 차림으로 나타났어요. 교황을 상징하는 황금 십자가 목걸이 대신 부에노스아이레스 교구장 시절부터 착용해 온 은으로 만든 소박한 십자가를 목에 걸고 있었어요. 여기에 교황이 신는 빨간 구두 대신 아르헨티나의 친구들이 선물해 준 검정 구두를 신었어요.

교황으로 선출된 이후 첫 연설에서도 이전 교황들과 다른 모습을 보였어요. 연설 도중 자신을 '로마의 주교'라고만 칭했어요. 교황이라는 단어는 그리스도교의 다른 종파들, 예를 들어 개신교나 유대교 등 하느님을 믿지만 가톨릭과 교리가 다른 교파에서는 좋아하지 않는 말이었어요. 그래서 '로마의 주교'라는 말로 최대한 자신을 낮춰 표현한 거예요.

나아가 신부가 된 이후에 사람들에게 자주 하던 이야기를 다시 하셨어요.

"이 주교가 여러분을 축복하기에 앞서 주님께서 저에게 강복해 주시도록 여러분이 먼저 기도해 주세요."

이 말씀과 함께 군중 앞에서 고개를 숙이셨어요. 예수님의 열두 제자 가운데 으뜸이었던 베드로로부터 시작한 교황은 가톨릭 교회에서 가장 권위가 높은 분이기 때문에 사람들 앞에서 고개를 숙이는 경우가 거의 없었어요.

하지만 베르고글리오 추기경은 교황이 된 이후에도 먼저 군중을 향해 고개를 숙이고 자신을 위해 기도해 주길 부탁했어요. 이전에는 볼 수 없었던 새로운 교황의 모습은 사람들을 술렁이게 했어요. 교황청에 새로운 변화의 기운이 시작되는 조짐으로 보였기 때문이에요.

교황 선거 중 옆에 앉았던 브라질의 클라우디우 우메스 추기경은 베르고글리오 추기경이 교황으로 선출되자 이렇게 부탁했어요.

"가난한 사람을 잊지 말아 주세요."

베르고글리오 추기경은 그 말을 잊지 않았어요. 그리고 부유한 집안에서 태어났지만 마음을 고쳐먹고 평생 가난한 이들을 위해 스스로도 가난하고 청렴하게 살며 부와 권력에 취해 있던 교황청을 바꾸려 한 프란치스코 성인을 떠올렸어요.

"베르고글리오 추기경님, 이제 새로운 교황으로 선출되셨으니 교황 이름을 정하셔야 합니다."

"저는 프란치스코로 하겠습니다."

"프란치스코 성인이요?"

"아시시의 프란치스코 성인을 교황 이름으로 하겠습니다. 우메스 추기경께서 제가 교황으로 선출되자마자 가난한 사람을 잊지 말아 달라고 하셨습니다. 프란치스코 성인은 평화, 자연을 사랑하고 보호하는 대변자이십니다. 가난한 교회, 가난한 사람들을 위한 교회를 이루고자 프란치스코 성인을 제 교황 이름으로 하겠습니다."

새로운 시대의 교황

베네딕토 16세 교황의 자진 사임에 이어 최초로 남미 출신 교황이 선출되자 전 세계 언론들은 크게 보도하기 시작했어요. 이전까지 한 번도 일어난 적이 없는 일이니까요.

이탈리아 신문인 〈아비에니레〉는 "가톨릭 교회의 개혁을 말해주는 사건이다"라고 제목을 달았어요. 독일의 〈라인 네카 차이퉁〉이라는 언론사는 이렇게 보도했죠.

부패와 가난에 맞서 싸우며 아르헨티나 군부 독재에 맞선 사람, 자가용 대신 지하철과 버스를 타고 다니는 사람을 교황으로 선출한 것은 용기 있는 행동이다.

미국의 유명한 시사 주간지인 〈타임〉은 프란치스코 교황의 선출에 대해서 "신세계의 교황"이라고 제목을 붙였어요.

심지어 아르헨티나 출신의 유명한 축구 선수인 메시는 프란치스코 교황이 선출됐다는 소식에 "2014년 월드컵을 프란치스코 교황에게 바치고 싶습니다"고 말할 정도로 기뻐했어요.

부에노스아이레스 시민들도 모두 흥분했어요. 그러면서 기대를 감추지 않았죠. 베르고글리오 추기경이 살던 성당 앞 마요 광장에서 신문을 파는 안드레스 씨는 매일 보던 추기경님이 교황이 되었다는 뉴스를 보면서 환호했어요. 그리고 취재를 하러 온 기자에게 이렇게 말했어요.

"무척 겸손한 분이었습니다. 때로는 일반인 옷차림으로 와서 신문을 사 가셨어요. 두어 마디 말씀하시고 인사를 하는 매우 조용하고 친절한 분이었어요. 높은 곳에 있는 고위 성직자가 아니라, 그야말로 보통 사람처럼 땅에 발을 딛고 사는 옆집 할아버지 같은 분이었어요. 베르고글리오 추기경님이 교황으로 선출되었다는 뉴스가 나오자 이곳에서 장사하는 모든 상인들이 크게 기뻐했어요. 우리 모두 자부심을 느꼈습니다."

황금 주교관을 거부하다

"교황님, 황금으로 된 주교관을 쓰셔야 합니다."

"아닙니다. 저는 앞으로 황금으로 만든 주교관을 될 수 있으면 쓰지 않겠습니다. 화려한 주교관을 쓰는 것이 전통일 수 있겠지만, 가난한 사람들을 위한 교황과는 어울리지 않습니다."

프란치스코 교황은 2013년 3월 14일, 교황에 선출된 이후 자신을 뽑은 추기경들과 함께 바티칸의 시스티나 성당에서 공동으로 미사를 드렸어요. 이 자리에 교황이 쓰는 황금 주교관을 쓰지 않고 나와 많은 이들이 놀랐어요. 황금 주교관은 교황의 권위를 상징하는 것 중 하나거든요.

교황님은 부에노스아이레스의 빈민가를 다닐 때처럼 검소하고 소박한 모습으로 사람들을 만나기를 바랐어요. 또 사람들에게 더 친근하게 다가가는 교회가 되길 원했어요. 그리고 이를 실천으로 옮기기 시작했어요.

교황으로 즉위한 후 처음 집전하는 미사는 중요한 의미가 있어요. 앞으로 교황으로서 어떤 방식으로 교회를 운영하고 결정을 내리고 신자들을 이끌지에 대해서 이야기하는 시간이에요. 프란치스코 교황은 첫 미사에서 그간 어려운 라틴어로 강론하는 전통을 지키지 않았어요. 즉석에서 강론을 하기로 결정했어요.

"여러분, 하느님의 현존과 하느님의 빛 안에서 거닐며 부끄러움 없는 삶을 추구해야 합니다. 그리고 예수님의 토대 위에서 교회를 건설해야 합니다. 우리가 시민 단체나 자선 단체가 되지 않기 위해 믿음으로 예수 그리스도를 따르는 교회임을 선언해야 합니다."

교황님의 첫 강론은 교황청의 변화를 예고하는 것이었어요. 가톨릭 신자가 되기 위해서는 하느님 앞에서 죄를 짓지 않겠다고 다짐해야 해요. 교황님은 먼저 죄를 짓는 부끄러운 삶을 살지 말자고 신자들에게 부탁했어요.

첫 미사를 마친 뒤 식사하는 시간이었어요. 교황의 자리는 정해져 있었지만, 프란치스코 교황은 선거를 마치고 각자의 나라로 돌아가는 추기경들과 더 많은 이야기를 나누기 위해 자리를 옮겨 가며 식사를 했어요.

교황 즉위 후 첫 기자 회견에도 전 세계에서 6,000여 명의 취재진이 몰려들 만큼 관심이 뜨거웠어요. 이 자리에서 교황님은 종교를 가지지 않거나 다른 종교를 가진 사람들에게도 참되고 선하고 아름다운 것에 관심을 기울여 달라고 부탁했어요.

전 세계가 깜짝 놀란 교황의 탄생

낮은 곳을
향하는 감동

"주님은 가장 높은 분이고 가장 높은 곳에 있는
사람은 남을 도와야 합니다.
여러분을 섬기라고 주님이 가르치셨습니다."

프란치스코 교황

높은 자리에 올라가면 어깨에 힘이 들어가고 남의 말에도 귀 기울이지 않
는 경우가 많아요. 프란치스코 교황은 어땠을까요? 교황님은 여러 가지 권
위와 일상의 편리함을 누릴 수 있는데도 그러지 않았어요. 늘 소탈한 모습
으로 가난한 사람이나 부자나, 신분이 높은 사람이나 낮은 사람이나 똑같
이 대했어요. 가톨릭 신자는 물론 성당에 다니지 않는 사람들도 교황님의
이런 모습에 감동했지요.

교황의 진정한 권한은 봉사입니다

마침내 3월 19일, 프란치스코 교황의 공식 취임식이 바티칸에서 열렸어요. 취임식에는 과거에 교황청과 사이가 좋지 않았던 동방정교회의 수장인 바르톨로메오 1세 총대주교도 참석해 새로운 교황의 취임을 축하했어요. 프란치스코 교황은 평소에도 종교 간에 서로 싸우지 말고 사이좋게 지내야 한다고 강조했거든요.

"교황의 진정한 권한은 봉사입니다. 교황으로 권한을 행사할 때 십자가 위에서 가장 빛나는 봉사에 충실해야 한다는 것을 잊지 않겠습니다. 또 교황은 모든 인류에 대한 애정으로 특히 가난한 사람, 약한 사람, 가장 밑바닥에 있는 사람을 포용해야 합니다. 오직 사랑으로 봉사하는 사람만이 봉사할 수 있습니다."

이어서 교황님은 전 세계의 지도자들을 향해 이렇게 부탁했어요.

"정치적, 경제적, 사회적 삶에 책임을 지는 사람들과 모든 사람이 서로의 보호자가 되고 환경의 보호자가 되길 바랍니다. 파괴와 죽음의 징조가 세상을 살아가는 여행길에 동반되지 않도록 우리 모두 힘을 모읍시다."

이날 성 베드로 광장에는 프란치스코 교황의 즉위 미사를 보기 위해 100만 명이 넘는 인파가 몰려들었어요. 특히 교황의 나라인 아르헨티나를 비롯해 브라질과 멕시코 등 남아메리카에서 온 신자가 많았어요.

교황님의 말씀은 사람들에게 희망과 기대를 선사했어요. 높은 자리에 올라갈수록 어깨에 힘이 들어가고 고개를 숙이지 않는 것을 많이 봤지만 교황님은 그런 어른처럼 보이지 않았어요. 그래서 성당에 다니지 않는 사람들도 교황님을 달리 보기 시작했어요. 점점 늘어나기만 하는 가난한 사람들을 위해 정말로 구체적인 행동을 하실 것처럼 보였거든요.

취임식 날 교황님이 손에 낀 반지도 주목을 받았어요. 새로운 교황이 되면 '어부의 반지'라는 교황을 상징하는 반지를 끼게 되어 있어요. 그동안 다른 교황들은 취임에 맞춰 '어부의 반지'를 새로 맞추었는데, 교황의 권위를 상징하는 의미로 비싼 금으로 만들었어요.

하지만 프란치스코 교황은 자신의 '어부의 반지'를 금으로 만드는 것을 반대했어요. 비싼 금 대신 저렴한 금빛 반지로 만들고, 남은 돈은 가난한 사람을 위해 사용하라고 지시했어요.

20년 된 차를 직접 운전하시겠다고요?

"교황 성하, 직접 운전하시면 저희가 무척 곤란합니다."

"아니에요. 교황이라고 해서 꼭 기사가 딸린 고급 차를 탈 필요

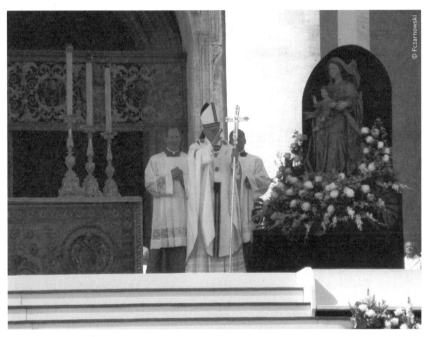

© F.czarnowski

2013년 3월 19일, 바티칸에서는 프란치스코 교황의 취임식이 열렸어요.

는 없습니다. 가까운 데 갈 때는 제가 차를 몰고 나가겠습니다."

"하지만 저희도 생각해 주십시오."

"교황이라고 특별한 대접을 받으면 점점 가난한 사람들과 멀어지게 됩니다. 저의 뜻을 이해해 주시고 될 수 있으면 제가 차를 몰고 나갈 수 있게 도와주세요."

프란치스코 교황은 즉위하자마자 바티칸의 여러 가지 전통을 바꿔 나갔어요. 시내에 나갈 때는 손수 운전해서 가기도 했어요. 이는 마치 우리나라 대통령이 시장에 갈 때 혼자 차를 몰고 가겠다는 것과 비슷한 일이에요.

당연히 교황의 안전을 염려해 경호 팀에서는 반대했어요. 하지만 교황님은 자신의 뜻을 꺾지 않았어요. 덕분에 로마에 사는 시민이나 관광객은 운이 좋으면 직접 운전하고 시내를 나가는 교황님을 볼 수 있었어요.

교황님이 운전하는 차는 새로 나온 차가 아니었어요. 다른 신부님이 선물한 20년 넘은 중고차였어요. 그럼에도 교황님은 아이처럼 그 중고차를 좋아했어요. 사제나 수녀가 비싼 차를 타고 다니는 것은 신자들에게 위화감을 주는 것이라 생각하셨죠. 그래서 자신을 보러 온 성직자들에게 이렇게 말씀하시곤 했어요.

"성직자들이 새 차를 타고 다니며 자랑스러워하는 모습을 보면 제 마음이 불편합니다. 사제 여러분은 더 많이 봉사하고 움직여야 하겠지만, 그래도 검소한 차를 갖는 것이 더 좋을 것 같습니다."

"교황 성하, 이제 교황이 되셨으니 관저에서 생활하셔야 합니다."

"교황 관저는 제가 지내기에 너무나 크고 호화롭습니다. 저는 계속 성녀 마르타의 집에 머물겠습니다."

"마르타 호텔은 1890년대에 지어서 너무 낡고 비좁습니다. 관저가 생활하기 편하니 관저로 옮기시지요."

"아닙니다. 남들보다 호화롭게 살라고 교황으로 뽑힌 것이 아닙니다. 저는 이곳에서 생활하는 것이 오히려 좋습니다. 검소하게 하루하루를 사는 것이 사제의 본분이기도 합니다. 제 뜻을 이해해 주세요."

"성하, 알겠습니다."

프란치스코 교황은 즉위 이후에 바티칸의 성 베드로 대성당 안에 있는 교황 관저로 들어가지 않았어요. 대신 1891년 당시 레오 13세 교황이 병자들을 위해 건립한 성녀 마르타의 집에서 생활하기로 결정했어요. 우리나라로 치면 대통령에 당선되었는데도 청와대에서 사는 대신 광화문의 작고 허름한 옛날 숙소에서 사는 것과 같은 셈이에요.

교황님이 이렇게 바티칸에서 이전의 교황들이 살던 방식을 바꾼 것은 평소 가난한 사람들을 위해 교회가 있어야 한다는 말을 지키기 위해서예요. 자신이 먼저 솔선수범해야 신부들과 신자들이 따를 것이라고 믿었어요. 자신은 부자처럼 살면서 정작 신부들이나 신자들에게 가난한 사람을 위해 가진 것을 나누라고 할 수는 없으니까요.

교황님의 이런 모습은 무척 놀라운 일이에요. 가톨릭 교회에서 가장 높은 자리에 올라갔기 때문에 그 위치에 따르는 여러 가지 권위와 일상의 편리함을 누릴 수 있는데도 그러지 않으신 거니까요.

교황님은 모든 편의를 거절하고 부에노스아이레스의 추기경 시절과 똑같이 생활했어요. 손수 숙소에서 요리를 하고 비서를 시키는 대신 직접 전화를 걸어 사람들과 약속을 잡았어요. 권위 의식에 젖어 아랫사람을 함부로 대하지 않고 오히려 겸손하고 소박한 모습이어서 계속 칭송의 말을 들었어요.

"오늘은 여러분과 함께 아침 미사를 하겠습니다."

"아니, 교황 성하! 무슨 말씀이십니까?"

"같은 집에 사는 식구들인데 같이 미사를 드리는 것은 당연한 일입니다."

"교황님께서 직접 미사를 집전해 주신다니 믿기지 않습니다."

"제가 드리는 미사라고 특별하지는 않습니다. 하하하."

교황님은 숙소인 성녀 마르타의 집에서 일하는 청소원 아저씨, 아주머니들과 아침 미사를 함께 봉헌하기도 했어요. 교황님의 미사는 가톨릭 신자에게 무척 특별한 일이에요. 그동안 성녀 마르타의 집에서 일하는 사람들은 어떤 교황님과도 미사를 드린 적이 거의 없었어요. 교황님과 미사를 드리는 일은 높은 위치에 있는 사람들만 가능한 것인 줄 알았죠. 청소원 아저씨와 아주머니들은 감격했어요.

변하지 않는 따뜻함에 세계가 감동하다

프란치스코 교황이 즉위하자 아르헨티나에서는 추기경 시절의 뒷이야기가 신문과 방송을 통해 알려졌어요. 특히 유럽이나 아시아에는 교황님에 대해 아는 사람이 많지 않았어요. 그래서 아르헨티나 기자들은 추기경 시절의 여러 가지 일화를 취재해 사람들에게 알려 주기 시작했어요.

먼저 교황님이 신고 다니는 구두 이야기가 사람들에게 감동을 주었어요. 프란치스코 교황은 다른 교황님들이 신던 값비싼 구두 대신 평소 신고 다니던 구두를 계속 신었어요. 그 구두는 40년 동안 단골 구둣방에서 맞춰 온 신발이었어요. 아무런 장식도 없는 단순한 검은색 구두만 신고 다니셨지요.

구두가 낡으면 새로운 구두를 사기보다 구두를 맞춘 곳에 가서 다시 고쳐 신었어요. 높은 자리에 올라가면 비싼 옷이나 구두부터 찾는 사람이 많은데 교황님은 달라지지 않았어요.

추기경 시절에도 부에노스아이레스의 빈민촌에 혼자서 자주 갔다는 것도 다른 나라 사람들이 잘 모르던 사실이었어요. 그동안 교황이 된 추기경 중에서 프란치스코 교황처럼 가난한 사람들을 직접 찾아가 함께 기도해 주고 이야기를 들어 주었던 분은 많지 않았어요.

교황님은 에이즈에 걸린 사람이나 결혼하지 않고 아이를 낳은 미혼모, 마약에 중독된 사람 등 사회에서 손가락질받고 멸시받는 사람들도 서슴없이 만나서 어려운 사정을 들어 주고 도와줬어요.

교황님에 관한 이야기가 알려질수록 전 세계 사람들의 마음이 움직였고, 그만큼 교황님을 좋아하는 사람도 많아졌어요. 세계에서 남부럽지 않은 권력과 재물을 가진 교황임에도 늘 소탈하고 친근한 모습으로 가난한 사람이나 부자나, 신분이 높은 사람이나 낮은 사람이나 가리지 않고 만나 열심히 이야기를 들어 주고 조언해 주는 모습이 하루아침에 나온 것이 아님을 알았기 때문이에요. 꼬마 호르헤라고 불리던 시절부터 신학생, 신부, 주교, 추기경을 거쳐 한결같은 모습이라는 것을요.

MISERANDO ATQUE ELIGENDO

© SajoR

프란치스코 교황의 문장.
가운데 있는 IHS는 교황님이 속했던 예수회의 로고예요.
IHS 아래에 있는 3개의 못은 예수님을 십자가에
못 박은 못을 상징해요.

유대교, 가톨릭, 개신교의 차이점을 알고 싶어요

유대교, 가톨릭, 개신교는 사실 같은 신을 믿는 종교예요. 세상에 아주 많은 신이 있다고 믿었던 옛날에 유대인들은 신이 오직 하느님밖에 없다고 생각했어요. 그 신을 '야훼' 또는 '여호와'라고 불렀어요.

하느님은 세상을 만들고 최초의 인간인 아담과 이브를 창조했어요. 아담과 이브는 에덴동산에서 살았지만 선악과를 먹지 말라는 하느님의 말씀을 어겨서 쫓겨났어요. 이때 하느님을 속인 것을 '원죄'라고 해요. 아담과 이브는 결혼해 아이를 낳고 후손들이 생겨났어요.

그중에는 아브라함도 있었어요. 아브라함은 하느님의 말씀을 믿고 따랐어요. 아브라함은 하느님에게 후손들이 온 땅을 차지하게 될 것이라는 약속을 받았어요. 유대인들이 바로 아브라함의 후손이에요.

하지만 유대인들은 이집트에 끌려가 노예로 살며 고생했어요. 이때 모세라는 사람이 나타나 유대인들을 모아 이집트를 탈출했어요. 모세는 하느님으로부터 십계명을 받았어요. 십계명은 유대인들이 지켜야 할 율법이 됐지요. 이처럼 유대인들의 역사를 적은 책이 바로 구약 성서예요. 유대교, 가톨릭, 개신교는 공통으로 이 구약 성서를 성경으로 삼지요.

그런데 유대교는 가톨릭이나 개신교와 달리 하느님의 아들인 예수님을 인정하지 않아요. 따라서 예수님의 이야기를 담은 신약 성서도 인정하지 않아요. 더군다나 가톨릭과 개신교는 하느님을 믿으면 누구나 천국에 갈 수 있다고 하지만, 유대교는 이스라엘 민족만 하느님의 선택을 받았다고 주장해요. 이런 이유로 유대교와 가톨릭, 개신교는 서로 싸운 적도 많아요.

개신교는 우리나라에서는 '기독교'라고 통칭해서 불러요. 가톨릭 신부였던 마르틴 루터가 16세기에 종교 개혁을 하면서 생겨났어요. 루터가 살던 시대에 가톨릭에서는 죄를 진심으로 뉘우치고 반성하며 고해 성사를 하지 않아도 돈을 주고 면죄부를 사면 천국에 갈 수 있다고 사람들을 속였어요. 루터는 여기에 반발하면서 개신교를 만들었어요. 개신교와 가톨릭은 하느님, 예수님, 성령을 같이 믿지만 여러 가지 다른 점이 있어요.

개신교의 목사님은 결혼을 할 수 있어요. 또 개신교에서는 우상 숭배를 금지한다며 제사와 차례를 지내지 않아요. 십자가 외에는 다른 장식도 없어요. 또 교회에서 목사님이 주일에 신도들과 함께 드리는 예식을 예배라고 해요. 이것은 성당의 미사와 달라요. 개신교는 나중에 여러 가지 교단으로 나누어졌어요. 또 목사님 말고도 장로, 집사, 전도사 같은 직위도 있어요. 대신 세례를 받아도 세례명은 없어요.

반면 가톨릭의 신부님은 결혼을 할 수 없고 명절 때 지내는 차례를 드릴 수 있어요. 예수님상이나 성모 마리아상을 만들어 놓고 앞에서 기도도 해요. 세례를 받으면 가톨릭의 성인들 중에 따르고 싶은 성인의 이름을 가질 수 있어요. 이것을 세례명이라고 해요.

솔선수범으로
변화를 • 끌다

잘못된 점은
고쳐야 합니다

"프란치스코 교황은 안주하고 있는 우리를 일깨웠으며,

더 공정하고 자유로운 세계를 추구하도록

확신을 주고 있습니다."

버락 오바마, 미국 대통령

프란치스코 교황은 가톨릭 교회가 가진 문제점을 해결하기 위해 많은 노력을 기울였어요. 인간미 넘치는 모습은 온데간데없이 과감하고 힘차게 일을 추진해 가는 것을 보고 사람들은 놀라움을 금치 못했어요. 바티칸 은행을 개혁하고, 사치하는 성직자를 벌하고, 범죄 조직 마피아를 교회에서 내쫓고, 위험하다는 것을 알면서도 평화를 기원하며 중동 분쟁 지역에 방문했어요. 진짜 멋진 교황님이죠?

단호하고 강단 있게

프란치스코 교황은 옆집 할아버지처럼 소탈하고 친근했지만 잘못된 일에는 단호하게 대처하면서 지적하고 고쳐 나갔어요.

"대주교가 신자들이 낸 교무금*을 가지고 호화롭게 집을 수리한다는 것은 올바르지 못한 일입니다. 성당에 다니는 신자들 가운데 집세를 내지 못하거나 당장 먹을 것이 부족한 사람도 많을 텐데, 어떻게 그런 사람들을 위해 평생 헌신하겠다는 사제가 비싼 돈을 들여 집을 고칠 수 있겠습니까?"

교황님은 독일 림부르크 교구의 엘스트 대주교가 수백억 원을 들여 주교관을 새로 건축한다는 소식을 들었어요. 교황 관저 대신 성녀 마르타의 집의 작은 방에서 검소하게 사는 교황님으로서는 이해할 수 없는 일이었죠. 청빈하게 살 것을 다짐하며 사제가 된 대주교가 오히려 자신이 머무는 집을 위해 수백억 원을 들여 수리한다는 것은 신부로서 적절하지 않은 행동이라고 생각했어요.

교황님은 엘스트 대주교에게 엄중히 경고했어요. 교황은 사제

---

* **교무금** 교회 유지를 위해 신자들이 교회에 바치는 헌금을 뜻해요. 그 시작은 구약 성서에서 나오는 십일조에서 유래했어요. 하느님이 자신이 얻는 수입의 10분의 1을 교회 공동체를 위해 쓰라고 하셨거든요. 교무금은 개인이 아니라 가정을 단위로 해서 얼마나 낼 것인지 책정해요. 교무금은 각 성당을 총괄하는 교구로 모이고, 교구는 성당을 유지하거나 어려운 사람들을 돕는 데 교무금을 써요.

들 중에서 가장 높은 위치이기 때문에 잘못한 사제에 대해서는 설령 그 사제가 대주교라 할지라도 벌을 줄 수 있어요. 결국 엘스트 대주교는 정직이라는 징계를 받았어요.

신자들은 엘스트 대주교가 징계를 받는 모습을 보고 깜짝 놀랐어요. 교무금을 어떻게 쓸지는 대주교가 결정할 수 있거든요. 그래서 엘스트 대주교가 수백억 원을 들여 주교관을 새로 건축하는 것이 교회에서는 딱히 법을 어기는 일은 아니었어요.

그런데 교황님은 그가 호화 주교관을 짓는 것 외에도 서류를 가짜로 꾸며 비행기 일등석을 타고 다녔던 사실도 알아냈어요. 그래서 잘못을 인정하고 반성하라는 의미에서 정직이라는 벌을 내린 거예요. 이런 모습을 보면서 다른 대주교와 추기경, 신부들도 다시 한 번 자신의 생활을 되돌아보게 되었어요.

저를 도와줄 분들을 찾아 주세요

"저 혼자서 결정하다 보면 실수를 하고 독단에 빠질 수도 있습니다. 세계 여러 나라 추기경님들의 도움을 받고 싶습니다."

"교황님 혼자서 결정하셔도 문제 될 것은 없습니다. 지금까지 다른 교황들께서는 자문단을 꾸리신 적이 거의 없습니다."

"유럽뿐만 아니라 남아메리카, 아프리카, 아시아에도 많은 신자가 있습니다. 그곳의 사정을 잘 아는 추기경님들의 조언을 듣고 싶습니다. 많은 분들의 의견을 모아 결정하는 것이 더 좋다는 것은 여러분도 잘 아실 겁니다."

"그러면 자문단을 어떻게 꾸릴까요?"

"아시아와 아프리카 등 대륙별로 8명의 추기경님을 자문단으로 모시면 좋겠습니다. 될 수 있는 한 바티칸에 잘 오지 않으시던 분을 선정해 주세요. 우리는 다양한 목소리를 들어야 합니다."

프란치스코 교황은 취임 후 한 달 만에 여러 가지 결정해야 할 사안에 대해 솔직하게 의견을 내줄 자문단을 꾸렸어요. 아시아, 아프리카, 유럽, 북아메리카, 남아메리카, 오세아니아 등 대륙별로 추기경 8명을 뽑았어요. 교황님은 자문단으로 모인 추기경들에게 부탁했어요.

"우리가 신자들과 세상을 향해 예수님의 말씀을 따르고 날마다 기도하며 착하게 살라고 하면서 정작 우리가 그렇게 살지 못하면 아무도 우리의 말을 믿지 않게 될 것입니다. 여러분들이 저를 도와 지금 가톨릭 교회가 가진 문제점을 어떻게 해결해야 할지 좋은 의견을 내어 주시면 고맙겠습니다."

"교황님, 먼저 바티칸의 여러 가지 문제점부터 고쳐 나가는 것이 좋겠습니다. 특히 바티칸의 재정을 투명하게 공개해야 합니다. 교회를 운영하려면 돈이 필요한 것이 사실이지만, 그 과정에

솔선수범으로 변화를 이끌다

서 돈이 어떻게 쓰이는지 신자들에게 알려야 합니다."

"좋은 지적입니다. 바티칸 은행은 신자들이 우리에게 잠시 돈을 맡겨 둔 곳입니다. 그런데도 마치 우리 것인 양 몰래 가져다 쓰는 등 비리가 많았다고 들었습니다. 그럼 바티칸 은행부터 개혁하도록 하겠습니다."

교황님은 자문단을 비롯한 주변 성직자들의 여러 의견을 듣고 바티칸 은행을 정상적으로 운영할 수 있게 개혁에 착수했어요.

1942년 설립된 바티칸 은행은 교황청이 재정을 돌보며 해외에 있는 종교 기관이나 자선 단체 등에 후원금을 보내 주는 중요한 역할을 했어요. 그러나 제2차 세계대전 이후 이탈리아의 범죄 단체와 은밀하게 손을 잡고 나쁜 돈을 받아 챙기거나 남몰래 돈을 가져가는 등 각종 비리의 온상이 되고 있다는 비난을 받아 왔어요.

프란치스코 교황은 바티칸 은행장뿐만 아니라 은행 운영에 결정권을 쥐고 있는 이사회 구성원 모두를 다른 사람들로 바꿨어요. 그리고 바티칸 은행의 운영 내역을 조사하라고 영국 회사에 맡겼어요. 이렇게 해서 바티칸 은행의 여러 가지 문제점을 바로잡기 시작했어요.

바티칸 은행의 돈에 얽힌 문제는 너무 복잡하고 치밀해서 다른 교황들이 쉽게 해결하지 못했던 일이에요. 하지만 프란치스코 교황은 사람들의 예상과 달리 과감하게 바티칸 은행의 문제를 손보

았답니다. 바티칸에서 일하는 사람들은 점차 교황님의 추진력에 놀라기 시작했어요.

이민자들의 아픔을 보듬다

"소식 들었어? 프란치스코 교황님이 여기에 오신대!"

"뭐라고? 교황님께서 우리 섬에 오신다고? 믿을 수 없어."

"그러게. 이곳에 교황님이 오실 거라고 상상도 못 했는데."

"이곳은 이탈리아 사람들도 외면하는 곳이잖아."

"아프리카에서 이곳에 오려다가 바다에서 숨진 사람들을 위해 미사도 드리고, 여기에 있는 아프리카 난민들도 찾아가서 위로해 주실 거래."

"정말 프란치스코 교황님은 다른 교황님들과 다른 것 같아."

프란치스코 교황이 취임 후 처음 방문지로 택한 곳은 이탈리아에서 가장 남쪽에 있는 람페두사 섬이었어요. 람페두사 섬은 북아프리카의 튀니지와 120km 떨어진 곳으로, 특히 아프리카 주민들의 슬픈 사연이 많이 깃든 섬이에요.

전쟁과 기아에 허덕이던 아프리카 사람들은 배를 타고 100km가 넘는 바다를 건너 몰래 람페두사 섬으로 왔어요. 불법이기 때문에 낡은 나무배에 의지해 험한 바다를 건너왔지요. 25년간 이렇게 바다를 건너오던 아프리카 사람들 가운데 약 2만 명이나 바다에서 조난을 당해 사망했어요.

이탈리아에서 아르헨티나로 이민을 간 이민자 가정에서 태어난 교황님은 살기가 어려워 고향을 등지고 스스로 위험한 길을 떠나는 이민자들의 아픔을 누구보다 잘 알고 있었어요.

아프리카 난민들은 잘못한 게 없었어요. 나라의 높은 사람들이 국민을 생각하지 않고 자기의 권력을 유지하기 위해 사람들을 괴롭히다 보니 어쩔 수 없이 살기 위해 바다를 건너는 위험을 감수한 거예요.

교황에 취임한 지 넉 달째인 2013년 7월, 프란치스코 교황은 람페두사 섬에 도착해 성호를 긋고 하얀색과 노란색 꽃으로 장식한 추모 화환을 바다에 던졌어요. 교황님은 슬픔에 잠긴 듯 아무런 말씀이 없었어요. 그러다 '배들의 공동묘지'라 불리는 해안에서 난파된 배로 만든 작은 제대 위에 섰어요. 거기서 야외 미사를 드리며 사람들에게 호소했어요.

"저는 지난 6월에 뉴스에서 아프리카를 탈출해 람페두사에 오다가 바다에서 빠져 죽은 난민들의 소식을 듣고 이곳에 오기로 마음먹었습니다. 난민들의 죽음은 가시 같은 고통이었고, 사람들의 양심을 일깨워야 한다고 마음속의 목소리가 들렸습니다."

교황님은 이어서 "누가 난민들을 위해 울어 줄 것입니까?"라고 물은 뒤 이렇게 말씀하셨어요.

"사람들은 잘 먹고 잘살기만 하면 된다는 문화에 젖어 남들의 눈물 어린 호소를 귀 기울여 듣지 않습니다. '무관심의 세계화' 속에 난민들의 죽음을 보고도 아무렇지 않은 사람이 많아서 슬픕니다."

프란치스코 교황의 람페두사 섬 방문은 이탈리아에서도 큰 뉴스가 되었어요. 매해 아프리카에서 목숨을 걸고 수많은 난민이 이 섬에 오려다가 목숨을 잃는데도 어느 순간부터 이탈리아 사람들은 이런 끔찍한 소식에 무감각해졌어요.

교황님은 난민들에게 쉴 곳과 음식을 줘야 한다고 말했어요. 그리고 난민이 더 이상 생겨나지 않도록 함께 기도하자고 했어요. 교황님이 직접 어려운 사람들이 모여 있는 현장에 가서 그들을 만나고 위로하는 모습은 많은 사람의 마음을 움직였어요.

교황님은 난민 외에도 세계 각국에서 가난 등으로 고통받는 어린아이들을 위해 도움을 호소했어요.

"수백만 명의 어린아이가 매일 굶주림으로 고통받는데도, 차를 마시며 고상하게 신학만 논하는 신자들이 되는 것은 정말 심각한 문제입니다. 현재의 세계 경제 위기는 경제 문제가 아니라, 사람보다 돈을 우선시하는 가치의 문제입니다."

교황님은 성당에 열심히 나가고 예수님만 믿으면 천국에 간다는 뻔한 말 대신 왜 난민이 생기고 아이들이 굶주리는지 물었어

솔선수범으로 변화를 이끌다

요. 가난한 사람들이 아무리 열심히 일해도 갈수록 가난해지는 문제의 원인을 봐야 한다고 계속 말씀하셨어요. 가톨릭 신자가 아닌 사람들도 점점 교황님의 이야기에 공감하기 시작했어요.

세계를 이끄는 지도자로 뽑힌 교황님

취임 후 일 년간 다른 교황들과는 달리 검소하고 소탈한 모습으로 낡은 것을 바꾸고 잘못된 것을 바로잡으려는 프란치스코 교황의 노력은 점차 세계적으로도 인정받기 시작했어요.

권위 있는 시사주간지 〈타임〉은 2013년 12월, 프란치스코 교황을 2013년도 '올해의 인물'로 선정했어요. 그리고 선정 이유를 이렇게 밝혔어요.

> 교회에 믿음을 저버렸던 수백만 명이 믿음을 회복할 수 있게 도왔다. 가난하고 상처받은 사람들의 아버지라는 즉위명과 어울리게 '민중의 교황'으로 활동하고 있다.

미국의 유명한 경제 전문지 〈포춘〉은 2014년 3월, 세계에서 가장 위대한 지도자 1위로 프란치스코 교황을 선정했어요. 그 이유에 대해서는 "즉위 후 일 년이 지난 지금 교회 쇄신의 새로운 방향을 제시했고, 가톨릭 교회 밖에서도 존경받고 있다. 아직 풀어야 할 과제가 많지만 자선을 실천하는 신자가 늘어나는 등 '프란치스코 효과'가 나타났다"고 말했어요.

지도력이 부족한 시대에 사람들에게 힘을 주고 더 좋은 세상을 만드는 데 영향력을 행사한 지도자로 가장 돋보였기 때문이에요.

교황님은 세계에서 가장 옷을 잘 입는 남자로도 뽑혔어요. 미국의 남성 잡지 〈에스콰이어〉는 2013년 12월에 프란치스코 교황을 '올해의 베스트 드레서'로 선정해 화제가 되었어요. 멋있게 옷을 입어서가 아니라 옷을 통해 사람들에게 자신이 평소 전하고 싶은 여러 가지 의미를 잘 전달했기 때문이라고 해요.

이전 교황들이 즐겨 신던 반짝이는 빨간색 구두 대신 40년째 부에노스아이레스의 단골 구둣방에서 맞춘 검은색 구두와 아무 장식을 하지 않은 흰색 신부복을 입고 다니면서 사람들에게 성직자의 검소함을 보여 주었다고 평가했어요. 또한 값비싼 보석이나 모피로 된 망토 대신 검소한 옷을 애용하면서 말뿐이 아니라 행동으로 보여 준 것도 높은 점수를 받았어요.

중동의 평화를 위하여

2014년 5월, 프란치스코 교황이 중동을 방문한다는 소식이 알려지자 사람들은 걱정이 앞섰어요. 요르단, 팔레스타인, 이스라엘은 예수님이 활동했던 지역으로 지금은 여러 나라로 갈려 서로 사이가 좋지 않아요. 특히 예수님이 태어난 베들레헴과 돌아가신 예루살렘 있는 이스라엘은 유대교 국가라서 가톨릭 교회와 사이가 원만하지 않았어요.

더군다나 이스라엘은 팔레스타인과 몇십 년째 분쟁을 벌이고 있어요. 그래서 종종 시가전이 벌어질 만큼 위험한 지역이에요. 교황님은 중동 방문이 위험하다는 것을 알고 있었어요. 하지만 중동 지역의 분쟁을 멈추지 않으면 많은 사람이 전쟁의 위험 속에서 불안하게 살 것이라는 점도 아셨지요. 교황님은 중동으로 떠나기 전에 이렇게 기도했어요.

"서로 사이가 좋지 않은 이스라엘과 팔레스타인 간에 평화를 이루게 해 주시고, 이웃 종교 간에 서로 화목하게 지낼 수 있도록 제가 도움이 되게 해 주소서."

교황님은 중동에 가서도 바티칸에 있을 때와 똑같이 행동했어요. 일정에 없더라도 필요한 곳이면 멈추어서 기도를 드렸어요. 요르단에서는 국왕의 만찬을 사양하고 대신 시리아 난민촌을 방문해 국제 사회에 시리아 유혈 사태가 중단되도록 도움을 요청했어요. 그리고 시리아 난민촌에 있는 사람들과 함께 식사했어요.

예수님이 태어난 베들레헴에 갈 때는 베들레헴 안에 있는 '통곡의 벽' 앞에 차를 세운 다음 그곳에서 희생당한 팔레스타인 사람들을 위해 기도를 드렸어요. 예정에 없던 일이었어요.

이후 베들레헴 구유 광장에서 미사를 집전한 다음 점심 식사는 정치인이나 군인 같은 높은 사람들 대신 그곳에 사는 가난한 가족들과 함께했어요. 점심 식사 후에는 이스라엘에 의해 사는 곳을 빼앗긴 팔레스타인인들의 난민촌을 찾아 아이들을 만나고 위로했어요.

팔레스타인 사람들만 위로한 것은 아니었어요. 이스라엘과 팔레스타인의 분쟁 과정에서 양쪽 모두 사람들이 죽고 다치는 피해

여기서 잠깐

통곡의 벽에는 이런 의미가 있어요

통곡의 벽은 이스라엘의 예루살렘에 있는 옛 이스라엘 왕국 성전의 일부예요. 유대인들이 믿는 유대교에서 가장 거룩하고 성스럽게 여기는 성지이기도 해요. 솔로몬 왕이 세웠던 옛 이스라엘 왕국의 성전을 서기 70년, 로마군이 와서 모두 파괴했는데, 그때 유일하게 파괴당하지 않았던 곳이 바로 이곳이에요.

전설에 따르면, 로마군이 쳐들어와 성전이 무너지던 날 벽이 이슬에 젖어 우는 것처럼 보여서 '통곡의 벽'이라는 이름이 붙여졌다고 해요. 지금도 많은 유대교 신자들이 방문해 간절한 기도문을 벽에 꽂고 기도하거나 유대교 의식을 치르는 곳이에요. 이스라엘 사람들에게는 자신들의 상징과 같은 곳이에요.

솔선수범으로 변화를 이끌다

프란치스코 교황은 2014년 중동을 방문했을 때 베들레헴 안에 있는
'통곡의 벽'에 멈춰 서서 기도를 드렸어요.

를 봤으니까요.

교황님은 '통곡의 벽'에 가서 이스라엘 사람들을 위해서도 기도 드렸어요. 근처에 있는 이스라엘 민간인 희생자 묘역을 예정 없이 방문해 이스라엘 사람들에게 많은 감동을 주었지요. 민간인 희생자 묘역은 팔레스타인의 공격으로 사망한 민간인들의 무덤이 있는 곳이에요.

교황님은 팔레스타인과 이스라엘 양쪽의 상처를 다 위로하고 기도하며 평화가 깃들기를 기원했어요. 그리고 중동 방문을 마치고 난 후 보름 뒤에 바티칸에서 평화 기도회를 열었어요. 평화 기도회에는 교황님의 초대를 받은 시몬 페레스 이스라엘 대통령과 마흐무드 압바스 팔레스타인 자치정부 수반이 참석했어요. 교황님은 이렇게 호소했어요.

"이스라엘과 팔레스타인은 평화 정착에 성공할 수 있는 기회가 많았지만 성공하지 못했습니다. 그러니 다시 모여 평화를 위해 기도합시다."

범죄 조직 마피아를 내쫓다

프란치스코 교황은 아르헨티나 부에노스아이레스의 빈민촌에서 가난에 시달리고 마약에 중독되고 폭력을 일삼는 사람들 뒤에

솔선수범으로 변화를 이끌다

는 범죄 조직이 있다는 것을 알게 됐어요. 이 범죄 조직이 사람들을 꾀어 나쁜 짓을 하게 시켰고 자신들의 말을 따르지 않으면 납치해서 폭행하거나 심지어 살해하는 일도 있다는 것을 알았어요.

'가톨릭 교회 안에도 범죄 조직과 결탁한 사람들이 있는데 어떻게 해야 하나. 그들이 잘못을 반성하고 회개하지 않는 이상 계속 나쁜 일에 손을 댈 것인데…….'

교황님은 특히 이탈리아에서 마피아라고 부르는 범죄 조직이 신자를 가장해 가톨릭 교회 안에 들어와 나쁜 일을 하려는 것을 막아야 한다고 생각했어요. 하지만 마피아는 이미 정부의 높은 사람들까지 매수해 자기편으로 끌어들일 정도로 힘이 강했어요. 그

여기서 잠깐

마피아는 이런 범죄 조직이에요

이탈리아의 시칠리아 섬에서 생겨난 마피아는 시칠리아 섬이 무법 상태에 있을 때 토지를 보호하기 위해 땅 주인들이 만든 사병 조직에서 시작했어요. 하지만 세월이 지나면서 마약과 매춘, 강도, 도박 등의 범죄에도 가담하면서 사람들을 괴롭혔어요. 나중에는 미국이나 남아메리카에도 진출해 조직을 더욱 키워 갔지요.

1970년대 후반에는 미국에서 마약 제조와 밀수에 깊숙이 개입하면서 가정을 파괴하고 사람들을 죽이기까지 했어요. 그러면서도 범죄를 통해 번 돈으로 호텔과 식당을 운영하며 마치 합법적인 집단처럼 사람들을 속이기도 했어요.

래도 교황님은 마피아를 뿌리 뽑지 않으면 더 많은 사람이 범죄에 빠져 죄를 짓고 인생을 낭비할 것이라고 봤어요.

프란치스코 교황은 2013년 6월 하순 이탈리아 남부 칼라브리아 주의 카사노 알로 로니오라는 동네를 방문했어요. 그곳은 이탈리아 마피아의 본거지 가운데 하나였어요. 교황님은 그곳에서 미사를 집전하며 이렇게 말했어요.

"마피아는 악의 숭배이자 공통의 선에 대한 모욕입니다. 이 악은 추방해야 합니다. 마피아처럼 악마의 길을 걷고 있는 이들은 신과의 교감도 없으므로 교회 바깥으로 추방하겠습니다."

로마에서 남쪽으로 약 442㎞ 떨어진 칼라브리아 지역은 지중해와 맞닿아 중남미나 다른 유럽으로 마약을 운송하는 창구 역할을 하는 동네였어요. 이 지역은 코사 노스트라, 카모라와 더불어 이탈리아 3대 마피아 중의 하나인 은드란게타라는 범죄 조직이 활개를 치고 다니는 곳이었죠.

교황님은 은드란게타에 속한 마피아 단원들이 지역 내 성당 행사에 앞장서는 데 반대했어요. 그리고 이들을 교회에서 쫓아냈어요. 남을 괴롭히고 법을 어겨서 얻은 돈으로 부자 노릇을 하는 마피아 단원들이 교회에 와서 착한 사람인 척하는 것은 옳지 않은 일이라고 강조했어요.

교황님의 경고는 이탈리아 안에서 환영을 받았어요. 나쁜 짓을

솔선수범으로 변화를 이끌다

해도 성당에 다닌다는 이유로 처벌하기 어려웠던 마피아들을 처벌할 수 있는 길을 열어 주었기 때문이에요. 사람들은 프란치스코 교황에게 다시 한 번 놀랐어요.

성직자의 본분을 잊고 많은 돈을 들여 자신이 거주하는 집을 고치려 했던 대주교에게 벌을 내리고, 보복이 두려워 다들 쉬쉬하고 있던 마피아에 대해서도 잘못했다고 비판하는 모습은 마냥 인자롭게 보이는 평소 교황님의 모습과는 달랐어요. 프란치스코 교황의 인기는 더욱더 높아졌어요. 지도자가 앞장서서 사회에 나쁜 영향을 미치는 범죄 조직을 혼냈기 때문이에요.

사람들의
마음을 움직이다

"교황님은 좋은 사례를 만들어 따르게 하셨고,
낮은 곳을 향하는 모습을 통해
사람들의 마음을 변화시켰습니다.
이외에도 수평적으로 사람들을 대하는 법,
불의에 맞서 단호하게 결단을 내리는 모습,
자신의 실수를 인정하는 태도가 교황님에게
배워야 할 다섯 가지 덕목입니다."

제임스 캐럴, 경영 전문가

"프란치스코 교황이 한국에 오신대!" 2014년 8월 교황님이 우리나라에 방문했다는 사실, 기억하나요? 교황님이 집전하는 미사를 보려고 수많은 인파가 몰려들었어요. 사람들은 교황님이 한국에서 보여 준 격의 없고 진실한 모습에 감동했지요. 지금도 가톨릭 교회와 전 세계에 활기찬 기운을 불어넣으며 새로운 지도자의 모습을 보여 주고 계신답니다. 교황님, 정말 고맙습니다!

한국에 가고 싶습니다

"그동안 역대 교황들께서 아시아에 마지막으로 가신 게 언제입니까?"

2013년 가을, 프란치스코 교황은 2014년 해외 방문 일정을 짜기 전에 물어봤어요. 한동안 아시아에 교황이 방문하지 않아 아시아의 신자들이 교황 방문을 간절히 바란다는 것을 알고 있었기 때문이에요.

교황이 하는 일 중에는 세계 각 나라를 다니며 가톨릭 신자들을 격려하고 세계 평화의 메시지를 전하는 것이 중요한 업무로 꼽혀요. 하지만 워낙 교황의 방문을 원하는 나라가 많아서 일정을 짜기가 쉽지 않지요.

"1989년 교황 요한 바오로 2세께서 한국을 비롯해 아시아를 순방하신 이후에는 아시아에 교황이 가신 적이 없습니다."

"그렇군요. 그러면 내년에는 아시아 신자들을 만나러 가 봐야겠습니다."

"하지만 이미 2014년 해외 순방 일정이 나와 있어서 시간을 따로 내시기가 어려울 것 같습니다."

"그렇다면 제 휴가 기간을 이용하면 되겠군요. 제가 알기로 마침 제6회 아시아 청년 대회가 내년 8월에 한국에서 열린다고 하니

제 휴가를 이용해 한국을 방문하도록 하겠습니다."

"한국은 바티칸에서 비행기로 10시간이 넘게 걸리는 먼 곳입니다. 휴가 때 가시기에는 멉니다."

"괜찮습니다. 더군다나 한국에서는 8월에 윤지충 바오로와 동료 순교자 123위의 시복식도 한다고 하니 마침 잘된 것 같습니다. 한국은 선교사가 아니라 평신도들이 스스로 신앙을 찾아서 받아들인 나라입니다. 그리고 남북으로 분단되어 하나의 민족이 갈라진 채 오랫동안 분단의 아픔을 겪고 있는 나라입니다. 제가 가서 할 일이 많을 것 같습니다."

여기서 잠깐

아시아 청년 대회는 이런 행사예요

아시아의 젊은 가톨릭 신자들이 한곳에 모여 서로 다른 문화적, 사회적 배경 속에서도 함께 신앙을 쇄신하고 친교를 나누는 대규모 행사예요. 1999년 태국에서 처음 열린 후 대만, 인도, 홍콩, 필리핀 등에서 열렸어요.

한국에서는 프란치스코 교황이 방한한 2014년 대전, 해미, 솔뫼 등에서 행사가 열렸어요. 인도, 방글라데시, 파키스탄, 중국 등 아시아 20여 개 국가에서 온 2,000여 명의 젊은이들과 4,000여 명의 한국 젊은이들이 가톨릭 신자로서 서로 우정을 나눴어요. 프란치스코 교황은 아시아 청년 대회의 폐막 미사를 집전하며 이들에게 희망과 용기를 불어넣어 주었어요.

"알겠습니다. 그러면 한국 천주교와 상의해 일정을 잡고 방한을 추진하겠습니다."

"네. 아시아에 가 본 적이 없어서 벌써부터 기대가 큽니다."

바티칸으로부터 연락을 받은 한국 천주교회는 몹시 놀랐어요. 프란치스코 교황의 방한을 요청하긴 했지만 실제로 가능할 거라고 생각하지 못했거든요.

교황의 해외 일정은 몇 년 전부터 미리 정하는 경우가 많아요. 급작스럽게 결정하는 적은 드물죠. 더군다나 일본에서 교황의 일본 방문을 적극적으로 추진하던 상황이었어요. 지금까지 일본에

여기서 잠깐

윤지충 바오로와 동료 순교자 123위의 시복식은 무엇일까요?

윤지충 바오로와 동료 순교자 123위는 조선 왕조가 천주교 신자들을 탄압한 1791년(신해 박해), 1795년(을묘 박해), 1797년(정사 박해), 1801년(신유 박해), 1814년, 1815년(을해 박해), 1819년, 1827년(정해 박해), 1839년(기해 박해), 1866년(병인 박해), 1868년(무진 박해), 1888년 박해 때 순교한 윤지충과 123명의 순교자를 뜻해요.

이분들은 2014년 8월 16일 광화문 광장에서 열린 시복식을 통해 복자의 반열에 올랐어요. 복자는 성인이 되기 전 단계예요. 성인은 천주교 신자들 가운데 믿음이 깊고 신앙에 모범을 보인 분들을 뽑아 교황청에서 인정한 분들이에요. 한국에는 김대건 신부님을 비롯해 103분의 성인이 있어요.

교황이 가신 적이 없어 오히려 일본을 방문할 확률이 더 높았어요. 반면 한국에는 1984년과 1989년에 교황 요한 바오로 2세가 두 차례 방한했기 때문에 다시 방문해 달라고 청하기가 쉽지 않았어요. 하지만 프란치스코 교황은 직접 휴가를 이용해 한국을 방문하겠다고 결정한 거예요.

바티칸 교황청은 2014년 3월, 프란치스코 교황이 여름 휴가 중 4박 5일 일정으로 제6회 아시아 청년 대회 폐막 미사 집전과 윤지충 바오로와 동료 순교자 123위의 시복 미사를 위해 한국을 찾는다고 공식 발표했어요.

교황님은 즉위 후에 한국에 많은 관심을 두고 적극적으로 표현하셨어요. 한국 천주교 서울대교구 교구장이었던 염수정 대주교를 추기경에 임명했고, 한국의 신부님들 중에 주교도 여럿 임명하셨어요. 한국에서 추기경이 배출된 것은 2009년에 돌아가신 김수환 추기경과 정진석 추기경에 이어 세 번째예요.

여기에 직접 한국을 방문하겠다고 결정했으니 한국의 천주교 신자들은 기뻐했어요. 천주교 신자들뿐만 아니라 정부에서도 환영했어요. 프란치스코 교황의 방한은 한국을 알리는 데도 효과가 크기 때문이에요. 더군다나 교황의 방문을 고대하던 일본 대신 한국을 택하신 것은 여러모로 자랑스러운 일이었어요.

특히 일본은 일제 강점기 당시 강제로 우리나라의 소녀와 젊은

솔선수범으로 변화를 이끌다

여성들을 끌고 가 능욕했던 일본군 위안부 문제에 대해서 사과를 하고 있지 않은 상황이었어요.

한국 천주교회는 교황방한준비위원회를 만들어 교황이 오실 때까지 일정과 숙소를 비롯해 여러 가지를 준비하기 시작했어요. 정부에서도 공직자를 보내 위원회를 도왔어요.

교황은 가톨릭 신자들 중에 가장 높은 지도자이기도 하지만, 바티칸 시국이라는 국가의 최고 지도자이기도 해요. 그래서 정부에서도 교황을 맞이하기 위한 준비를 해야 했어요. 단순히 종교 지도자의 방한이 아니라 국빈 방한에 버금가는 외교 행사였기 때문이에요. 세계 여러 나라의 언론도 프란치스코 교황이 한국을 방문한다고 크게 보도했어요.

친근하고 다정한 우리 교황님

2014년 8월 14일 오전 10시 30분, 프란치스코 교황과 일행을 태운 비행기가 인천 공항에 도착했어요. 4박 5일간의 방한 일정이 본격적으로 시작됐어요.

공항으로 교황님을 환영하러 나간 사람들 중에는 대통령을 비롯해 세월호 침몰 사고 때 가족을 잃은 유가족들도 있었어요. 교황님은 한국에 오기 전 제주도로 수학여행을 가는 단원고등학교

Pope Francis ✓
@Pontifex

Welcome to the official Twitter page of
His Holiness Pope Francis

📍 Vatican City
🔗 news.va
🕐 2012년 2월에 가입함

트윗 387 · 팔로잉 8 · 팔로워 4,325,838 · 더 보기 ⌄

트윗 · 트윗 및 답글

Pope Francis @Pontifex · 3시간
한국으로의 여정을 시작하며, 한국과 아시아 전역을 위한 저의 기도에 동참
해주시기를 부탁드립니다.
↩ · ↻ 3,735 · ★ 1,029 · •••

Pope Francis @Pontifex · 3시간
As I begin my trip, I ask you to join me in praying for Korea and for all of
Asia.
↩ · ↻ 1,969 · ★ 2,331 · •••

교황청은 트위터를 통해서도 프란치스코 교황이 한국에 방문한다는 소식을 알렸어요.

학생들을 실은 세월호가 바다에 침몰해 학생들뿐만 아니라 선생님, 배에 타고 있던 일반 승객 등 304명이나 희생당한 사실을 알고 있었어요. 그리고 세월호가 침몰할 때 사람들을 제때 구하지 못했다는 것도요.

교황님은 환영을 나온 사람들과 인사를 나누기 시작했어요. 세월호 사건으로 아이를 잃은 부모님들도 만났어요. 교황님은 가슴에 손을 얹으며 이렇게 말했어요.

"마음속에 깊이 간직하고 있습니다. 가슴이 아픕니다. 희생자들을 기억하고 있습니다."

이 말을 들은 세월호 유가족들은 눈물을 흘렸어요. 프란치스코 교황의 말에 진정한 위로가 담겨 있다는 것을 느꼈기 때문이에요. 교황님은 이후에 밝지 않은 표정으로 환영식을 마쳤어요. 그리고 숙소인 주한 교황청 대사관˚으로 가는 차에 올랐어요.

"교황님이 타시는 차가 우리나라 거리에서 흔히 볼 수 있는 소형차네."

"소형차를 타고 한국에서 이동하실 거라더니 진짜였구나."

˚ **주한 교황청 대사관** 한국에 있는 바티칸 시국의 대사관이에요. 바티칸 시국은 1948년 파리에서 열린 유엔 총회에서 신생 독립 국가였던 대한민국을 승인한 나라 중 하나예요. 이후 대한민국과 외교 관계를 맺고 대사를 파견했어요. 대사관은 청와대 옆인 서울 종로구 궁정동에 있어요. 프란치스코 교황은 주한 교황청 대사관을 방한 기간 동안 숙소로 쓰셨어요.

TV로 프란치스코 교황의 방한 환영 행사를 지켜보던 사람들은 교황님이 탄 차를 보고 놀랐어요. 보통 외국에서 국가 지도자가 오면 타는 검은색 대형 승용차가 아니라, 소형차로 분류되는 평범한 차였기 때문이에요.

교황님은 외국에 갈 때 비싼 차를 타기보다 작은 차를 타고 다닐 테니 꼭 그렇게 해 달라고 부탁했어요. 검소한 생활이 몸에 밴 터라 위화감을 주고 권위적으로 보이는 대형 승용차로 이동하기를 좋아하지 않았어요. 한국에서도 4박 5일 동안 내내 소형차를 타고 이동했어요.

주한 교황청 대사관에 여장을 푼 교황님은 잠시 휴식을 취했어요. 원래 외국의 지도자가 오면 서울 시내의 비싼 호텔에서 머무는 것이 관례예요. 하지만 교황님은 그렇게 하지 않았어요.

"주한 교황청 대사관은 저의 집과 같은 곳입니다. 고급 호텔에서 비싼 숙박비를 내며 머무는 것보다 대사관 관저에서 머무는 것이 편합니다. 아침에 미사를 드리고 기도하기에도 성당이 있는 주한 교황청 대사관이 더 좋습니다."

프란치스코 교황은 청와대에서 개최한 공식 환영식에 참석했어요. 그리고 한국에 방문한 소감을 발표했어요.

"고요한 아침의 나라 한국에 오게 되어 무척 기쁩니다. 이 나라의 아름다운 자연을 보게 되어, 무엇보다 한국 국민들과 그 풍요로운 역사와 문화의 아름다움을 마주하게 되어 기쁩니다. 한국인들은 오랜 세월 폭력과 박해와 전쟁의 시련을 거쳤습니다. 그러나 이러한 시련 속에서도 대낮의 열기와 한밤의 어둠은, 정의와 평화와 일치를 향한 불면의 희망을 품고 있는 아침의 고요함에 언제나 자리를 내주었습니다."

공식 환영식을 끝낸 뒤 교황님은 한국천주교중앙협의회를 찾아 한국 천주교회의 지도자인 주교들과 많은 신부님, 수녀님을 만났어요. 사실 신부님이나 수녀님도 교황을 만나는 것은 평생 있을까 말까 하는 어려운 일이에요. 교황은 성직자들이 일하는 곳을 옮기게 할 수 있는 인사권을 갖고 있고 예수님의 대리자로서 최고의 권위를 갖고 있어서 뵙는 것만으로도 영광이라 생각하는 사람도 많았어요.

이날 자리에 참석한 오블라띠 선교 수도회*의 조르지오 신부는 프란치스코 교황이 자신을 먼저 알아보고 인사를 해 와서 깜짝 놀랐어요.

"조르지오 신부님이셨군요. 지난번에 교황청 신문에 난 글 잘 읽어 봤습니다. 이주 노동자들을 위해 열심히 일하고 계신 모습이 보

---

* **오블라띠 선교 수도회** 가난한 사람들에게 기쁜 소식을 전해 주는 것을 목표로 1816년 프랑스 남부의 엑상프로방스에서 설립되었어요. 현재 4,000여 명의 수도회원들이 전 세계 68개국에 파견되어 가난한 이들을 도와주며 살고 있어요.

기 좋았습니다."

"아, 교황님 고맙습니다."

조르지오 신부는 한동안 멍하니 서 있었어요. 그는 한 번도 프란치스코 교황을 따로 만난 적이 없었어요. 조르지오 신부는 한국에 온 동남아시아의 이주 노동자들을 돕는 일을 하고 있어요. 자신의 경험담을 교황청이 내는 신문에 보낸 적이 있는데 그 이야기가 신문에 실린 거예요. 프란치스코 교황이 직접 읽고 기억하고 계셨다는 사실에 그저 놀랄 수밖에 없었어요.

교황님은 한국천주교중앙협의회를 떠나면서 자신을 환영하는 지역 주민을 위해 예정에 없던 일을 하셨어요. 바로 길에 있던 아이들에게 직접 축복해 준 거예요. 한국에서도 로마에서 하던 것처럼 똑같이 행동하셨어요. 친근하고 다정한 프란치스코 교황의 모습은 가는 곳마다 큰 환영을 받았어요.

인간의 고통에 관해서는 중립적일 수 없어요

프란치스코 교황은 4박 5일의 짧은 방한 기간 동안 많은 일정을 소화했어요. 특히 세월호 유가족의 슬픔을 잊지 않고 그들의 아픔을 함께했어요. 세월호 유가족이 달아 준 노란 리본 추모 배지를 왼쪽 가슴에 달고 다녔어요.

솔선수범으로 변화를 이끌다

8월 16일 광화문 광장에서 열린 윤지충 바오로와 123위 시복 미사 때는 유가족 중 한 아버지를 만나 위로하고 용기를 북돋워 주었어요. 그 아버지는 세월호 사고로 딸을 잃어 큰 슬픔에 빠져 있었어요. 교황님은 그분이 건넨 쪽지를 가슴에 품고 손을 맞잡아 주었어요. 그분은 눈물을 흘렸어요.

프란치스코 교황은 충남 서산 솔뫼 성지에서 열린 아시아 청년 대회 참가자들과 만나 이렇게 말씀하셨어요.

"세상 곳곳에서 모인 젊은이들과 함께 우리 모두가 평화와 우정을 나누며 사는 세상, 장벽을 극복하고 분열을 치유하며 폭력과 편견을 거부하는 세상을 만드는 데 도움이 되기를 바라고 있습니다. 이것이야말로 하느님께서 우리에게 원하시는 일입니다."

프란치스코 교황은 한국을 떠나는 날이던 8월 18일, 서울 명동 성당에서 미사를 드렸어요. 이날 미사는 '평화와 화해를 위한 미사'라고 이름 붙였어요. 일본군 위안부 피해자 할머니들을 비롯해 국가가 책임을 전가하고 외면하는 바람에 고통받는 사람들도 초대했어요. 아울러 북한에서 한국으로 온 새터민과 환경미화원, 장애인 등 사회 각계각층의 사람을 초대해 함께 미사를 드렸어요.

교황님은 이날 세월호 희생자를 추모하는 노란 리본 배지 외에도 일본군 위안부 피해자 할머니들의 고통과 그 극복을 상징하는 노란 나비 배지도 달고 미사를 드려 눈길을 모았어요. 위안부 피

프란치스코 교황이 집전하는 시복 미사를 보기 위해 서울 광화문 광장에
90만 명의 인파가 몰려들었어요.

프란치스코 교황은
충남 솔뫼 성지도 방문했답니다.

해자 할머니들이 달아 준 노란 나비 배지와 함께 미사를 드림으로써 일본에 무언의 경고를 보낸 셈이에요.

프란치스코 교황은 바티칸으로 돌아가는 비행기 안에서 기자회견을 열고 방한 기간 중 궁금했던 부분들에 대해 질문을 받고 답을 해 주었어요.

한국 기자가 물었어요.

"세월호 유가족을 만나신 소감이 궁금합니다. 또 혹시라도 세월호 희생자 추모를 위한 노란 리본 배지가 정치적으로 오해를 받게 될지도 모른다고 걱정하지 않으셨습니까?"

교황님은 이 질문에 길게 답하셨어요.

사람의 고통을 마주하게 되면 언제나 마음이 이끄는 대로 행동해야 합니다. 그러면 사람들이 이렇게 말할 것입니다.

"그는 이러저러한 정치적 의도에서 그렇게 하였다."

사람들이 무슨 말을 하든지 간에 내버려 두세요. 자기 자식과 형제, 가족을 잃은 사람들이나 부모를 생각하면 저는 그들에게 가까이 다가가야 할 필요가 있다고 느낍니다.

제가 드리는 그 어떤 위로의 말도 죽은 사람을 다시 살려낼 수는 없다는 것을 압니다. 그러나 이러한 때에 인간적으로 가까이 다가가는 것은 힘을 줍니다. 인간의 고통은 매우 강력하지만,

이렇게 슬플 때 우리가 서로에게 가까이 다가간다면 큰 힘이 됩니다.

저는 방한했을 때 노란 리본 배지를 계속 달고 다녔습니다. 세월호 유가족의 고통을 함께 나누려는 마음으로 배지를 가슴에 달았습니다. 그런데 어떤 사람이 제게 다가와 이렇게 말했습니다.

"그것을 떼시는 것이 좋겠습니다. 교황님께서는 중립을 지키셔야 합니다."

저는 이렇게 대답했습니다.

"아닙니다. 제 말 좀 들어 보세요. 인간의 고통에 관해서는 중립적일 수 없습니다."

일본인 기자는 명동 성당에서 열린 '평화와 화해를 위한 미사'에서 7명의 일본군 위안부 피해자 할머니들을 만난 소감을 물었어요. 교황님은 이렇게 답하셨지요.

한국인은 고통을 이겨내는 힘이 있고, 이는 또한 한국인의 존엄에 속하는 것입니다. 미사에 참석하신 위안부 피해자 할머니들이 많습니다. 그분들이 일제의 침략 때문에 어린 소녀의 몸으로 끌려가 착취당했던 일을 생각해 봅시다. 하지만 그분들은 존엄을 잃지 않았습니다. 오늘 그 할머니들은 거기 계셨습니다. 마지막으로 남은 분들이십니다. 한국인은 자신의 존엄을 확신하는 민족입니다

프란치스코 교황이 한국을 다녀간 다음 여러 가지 뒷이야기가 공개되기도 했어요. 그중에서 강우일 주교는 이런 일화를 공개했답니다.

"프란치스코 교황께서는 가시는 곳마다 주최 측이 마련한 큰 의자 대신 늘 옆에 있는 조그만 의자에 앉으셨어요. 마이크도 따로 준비했지만 해설자가 쓰는 마이크를 가져다 쓰셨어요. 그만큼 권위 의식이 없으셨어요. 또 가는 곳마다 사인을 남기셨는데, 아주 작은 글씨로 자신의 이름만 쓰셨어요. 교황이라는 높은 자리에 있을지라도 자신도 하느님 앞에서는 똑같이 평범한 존재임을 간접적으로나마 알려 주시려고 그렇게 하시는 것 같았어요."

사람들은 프란치스코 교황이 한국에 방문해서 보여 준 소탈하고 인간미 넘치는 모습에 감동했어요. 사람들에게 격의 없이 다가가는 모습과 세월호 유가족을 위로하는 모습이 가장 인상적이고 감동적인 장면으로 꼽혔어요.

노벨 평화상 후보에 오르다

프란치스코 교황은 한국에 다녀간 이후에도 세계 곳곳을 다니며 세계 평화를 외치고, 가난한 사람들을 도와야 한다고 호소했어요. 특히 2015년 9월에는 미국과 사이가 좋지 않은 쿠바를 방문해 쿠바와 미국이 화해하고 관계를 개선할 수 있도록 중재자 역할을 했어요.

다음에는 미국 뉴욕을 방문해 유엔 총회 연단에 올라 세계 각국의 정상들을 향해 인류의 평화와 정의 실현을 호소했어요. 교황의 유엔 총회 연설은 2008년 베네딕토 16세 교황 이후 7년 만의 일이었고, 총회 연설이 시작되는 날 첫 번째로 교황이 연설한 것은 처음이었어요. 그만큼 프란치스코 교황의 말씀을 중요하게 여긴 거예요.

교황님은 세계 각국의 지도자들이 자신의 말을 듣고 실천하기를 바랐어요.

지금 우리 인류에게 필요한 것은 최대한 많은 사람에게 효율적으로 자신을 방어할 힘을 균등하게 나누는 일입니다. 세계 각국의 이익을 적절히 규제할 수 있는 사법 체계를 만들지 않으면 인류의 문제를 해결하기가 어려울 것입니다.

솔선수범으로 변화를 이끌다

각국 지도자들은 모든 방법을 동원해 인류가 최소한의 존엄을 지키고 가정을 유지할 수 있도록 최선을 다해 도와야 합니다. 이를 위해서 정치인은 국민들에게 집과 토지, 일자리 등 물질적인 것뿐 아니라 종교적인 자유와 교육받을 권리, 시민으로서 누릴 권리까지도 지원해야 합니다.

특히 지구촌 곳곳에서 벌어지고 있는 분쟁과 내전에 관심을 가져 달라고 부탁했어요.

세계 곳곳에서 벌어지고 있는 분쟁으로 우리의 형제자매와 소년 소녀들이 울고 괴로워하며 죽어 가고 있습니다. 우크라이나, 시리아, 이라크, 리비아, 남수단, 동아프리카 등에서는 하루에도 수많은 사람이 죽어 가고 있습니다. 이 지역의 분쟁을 해결하고 평화를 찾아오는 것은 인류의 양심에 관한 의무입니다.

이러한 교황님의 행보는 사람들의 마음을 변화시키고 지도자의 새로운 모습을 보여 준다는 점에서 높은 평가를 받았어요. 단순히 교회 지도자가 아니라 회사나 국가를 이끄는 리더로서도 모범이라고 사람들은 말하기 시작했지요. 미국의 경영 전문가 제임스 캐럴 교수는 프란치스코 교황에 대해 이렇게 말했어요.

"교황님은 배울 만한 지도력 다섯 가지를 보여 주셨습니다. 먼저 좋은 사례를 만들어서 사람들이 그것을 따르게 하셨어요. 교황이 사는 바티칸의 성 베드로 광장에 노숙자들을 위한 샤워 시설을 갖추라고 지시한 것이 바로 좋은 사례를 만드는 일이에요.

교황님은 낮은 곳을 향하는 모습을 통해 사람들의 마음을 변화시키셨어요. 즉위 후 처음으로 바티칸을 떠나 방문했던 곳이 바로 아프리카 이민자들의 슬픔이 배어 있는 람페두사 섬이었어요. 직접 낮은 곳으로 가신 덕에 유럽 연합에서 안전 경보 시스템을 만들어 배를 타고 오는 난민들의 안전을 지킬 수 있도록 했어요.

이외에도 수평적으로 사람들을 대하는 법, 불의에 맞서 단호하게 결단을 내리는 모습, 자신의 실수를 인정하는 인간적인 태도가 교황님에게 배워야 할 덕목입니다."

이제 세상의 많은 사람들이 프란치스코 교황을 노벨 평화상 후보로 추천하고 있어요. 미국 하원 의원인 시프 의원은 "전쟁이 끝나기를 촉구하고, 국가 간의 유대를 지지하는 평화를 강력하게 옹호하고, 말과 행동으로 보여 주는 비폭력 정신이야말로 노벨 평화상의 핵심 원칙입니다"라고 말하며 프란치스코 교황이 여기에 알맞다고 노벨 평화상 후보로 추천했어요.

솔선수범으로 변화를 이끌다

교황님의 행복 십계명은?

프란치스코 교황은 항상 사람들에게 세상의 문제점을 개선하고 고쳐 나가자고 이야기해요. 예수님과 하느님을 믿는 것만이 신자들이 해야 할 일은 아니라고 끊임없이 강조하지요.

"우리가 스스로 기독교인이라고 말하는 것만으로는 부족합니다. 우리는 믿음으로 살아야 합니다. 말뿐만이 아니라 행동으로도 그렇게 살아야 합니다."

그리고 사람들이 자꾸만 이웃의 아픔에 무심해져 가는 데 마음 아파했어요. 그래서 언론사에서 일하는 사람들을 나무라기도 했답니다.

"나이 든 노숙자가 길에서 얼어 죽는 것은 기사화하지 않으면서 주가지수가 조금만 내려가도 기사화하는 것이 말이나 되는 일입니까?"

자기 재산을 가난한 이들과 나누어 갖지 않는 것은 그들의 것을 훔치는 것이고, 그들의 생명을 빼앗는 거라고 하셨죠. 우리가 가진 재물은 우리의 것이 아니라 가난한 사람들의 것이라고 강조했어요. 가난한 사람을 돕는 것이 우리의 의무라고 말이에요.

그리고 폭력이나 불의 앞에서도 의연해야 한다고 하셨어요. 악한 것들 앞에서 우리가 할 수 있는 것은 아무것도 없으므로 속삭

이는 악마의 목소리를 믿어서는 안 된다고요.

우리는 지금 어떻게 살고 있을까요? 교황님의 이야기에 귀 기울일 때는 아닐까요?

교황님은 어르신들과 젊은 사람들의 말에도 귀를 기울여야 한다고 이야기했어요. 노인의 지혜와 젊은이의 열정을 합쳐야만 더 좋은 사회를 만들 수 있다고 생각한 거예요.

"우리가 시대의 징표를 읽으려고 노력할 때마다 젊은이와 어르신들의 말에 귀를 기울이는 것이 도움이 된다는 사실을 공동체가 알기를 바랍니다. 젊은이와 어르신은 모든 이의 희망이 됩니다. 노인들은 기억과 경험의 지혜를 가지고 있습니다. 이는 우리가 과거의 잘못을 어리석게 되풀이하지 않도록 주의를 줍니다. 젊은 이들은 희망을 새롭게 일깨우고 그것을 키우도록 촉구합니다. 젊은이들은 인류의 새로운 길을 제시하고 우리를 미래로 이끌어 줍니다."

프란치스코 교황은 무엇보다 사람들이 모두 행복하고 평화롭게 살아갈 수 있도록 끊임없이 기도하면서, 자신에게 주어진 일을 열심히 하는 분이에요. 누구도 예상하지 못했던 교황 즉위였지만, 가톨릭 교회와 전 세계에 새롭고 활기찬 기운을 불어넣으며 지금까지 보기 어려웠던 지도자의 모습을 보여 주고 있지요.

사람들은 프란치스코 교황이 과연 행복하게 살고 있는지 궁금

솔선수범으로 변화를 이끌다

프란치스코 교황은 역대 어느 교황보다 많은 사랑을 받고 있어요.

했어요. 교황님은 사람들의 궁금증을 해결해 주기 위해 자신만의
행복 십계명을 알려 주셨어요. 그 십계명은 다음과 같았답니다.

1. 내 방식의 삶을 살되, 타인도 자신의 삶을 살게 두자.

2. 타인에게 마음을 열자.

3. 조용히 나아가자.

4. 식사 때 TV 끄기 등 삶에 쉼표를 찍자.

5. 일요일은 가족과 함께 쉬자.

6. 젊은 세대에게 가치 있는 일자리를 만들어 줄 혁신적인 방법
   을 찾자.

7. 자연을 존중하고 돌보자.

8. 부정적인 태도를 버리자.

9. 개종시키려 하지 말자.

10. 평화를 위해 일하자.

이스라엘과 팔레스타인의 분쟁에 대해 알고 싶어요

이스라엘은 수천 년 전 모세가 유대인을 이끌고 이집트를 탈출한 이후 지중해 동쪽에 유대인들이 세운 나라예요. 언어는 히브리어를 써요. 유대인들은 이집트에서 노예 생활을 하면서 고생을 많이 했어요. 이집트에서 탈출할 때도 40년이나 걸렸어요. 그래서 나라를 세우는 데 무척 애를 썼어요. 우리가 잘 알고 있는 다윗 왕과 솔로몬 왕이 바로 이스라엘 왕국의 왕이었어요. 수도는 예루살렘이에요.

하지만 이스라엘은 기원후 70년에 로마 제국에 의해 멸망했고, 유대인들은 세계 곳곳으로 뿔뿔이 흩어졌어요. 이후 이슬람교를 믿는 아랍 민족이 유대인들이 살던 땅에 정착해 팔레스타인을 세웠어요.

세월이 흘러 유대인들은 제2차 세계대전이 끝난 다음 유엔이 정해 준 지역을 토대로 1948년 5월 14일 이스라엘의 건국을 선포했어요. 이 과정에서 원래 살고 있던 팔레스타인 사람들을 몰아냈어요. 팔레스타인 사람들은 억울했어요. 약 1,900년이나 살던 땅에 갑자기 유대인들이 와서 옛날에 우리 땅이었다며 쫓아냈기 때문이에요. 게다가 팔레스타인 사람들은 이슬람교를 믿었고 유대인들은 유대교를 믿어 종교적으로도 공통점이 없었어요.

이스라엘은 팔레스타인 사람들을 몰아낸 이후에도 주변 국가들과 사이가 좋지 않았어요. 주변 국가들도 이슬람교를 믿는 팔레스타인을 응원하면서 이스라엘과 아랍 국가들 간에 전쟁이 일어나기도 했어요. 이 전쟁을 중동 전쟁이라고 불러요. 무려 세 차례나 일어났어요.

팔레스타인 사람들은 이슬람교를 믿는 주변 아랍 국가의 도움으로 1964년에 '팔레스타인 해방 기구PLO'를 결성했어요. 팔레스타인 해방 기구는 팔레스타인의 옛 땅을 되찾기 위해 이스라엘과의 싸움을 선언한 조직이에요. 이스라엘을 상대로 테러를 하는 등 무력을 동원해 싸웠어요. 그 과정에서 이스라엘과 팔레스타인 사람들이 많이 다치고 죽었어요.

1988년 팔레스타인 해방 기구는 "이스라엘을 독립 국가로 인정해 줄 테니 대신 이스라엘 영토 안에 팔레스타인 자치 정부를 세우게 해 달라"고 요청했어요. 그래서 이스라엘은 이스라엘 내에 팔레스타인 사람들끼리 살 수 있도록 허용했어요. 당시 팔레스타인 해방 기구를 이끌던 최고 지도자 아라파트는 이스라엘과 팔레스타인 간의 자치 정부 수립으로 노벨 평화상을 받기도 했어요.

하지만 오랫동안 감정이 좋지 않았던 이스라엘과 팔레스타인 자치 정부 사이에서 또 다툼이 잦아졌어요. 시간이 지나면서 팔레스타인의 무장 단체인 하마스에 가입하는 사람이 많아졌죠. 하마스는 무력으로 이스라엘을 몰아내야 한다고 주장하며 테러를 일으켰어요. 다시 팔레스타인과 이스라엘은 서로 싸우기 시작했어요. 하마스는 이스라엘이라는 존재 자체를 인정하지 않는 팔레스타인 사람들이 모인 단체예요.

이스라엘과 팔레스타인은 아직도 사이가 좋지 않아요. 대화로 문제를 해결하려는 게 아니라 서로 힘으로 상대방을 억누르려고 해서예요. 세계의 평화를 위해 이스라엘과 팔레스타인이 하루빨리 화해하고 협력했으면 좋겠어요.

프란치스코 교황처럼
성직자를 꿈꾼다면

한국의 3대 종교는
무엇인가요?

성직자가 어떤 일을 하는지 살펴보기 전에 우리나라 사람들이 가장 많이 믿는 종교 세 가지는 무엇인지 알아볼까요? 각 종교에 따라 성직자를 부르는 호칭도 다르고 역사도 다르니까요.

2014년 한국 갤럽에서 조사를 해 보니 100명 가운데 22명은 불교를 믿고 21명은 개신교, 7명은 가톨릭인 천주교를 믿는 것으로 나타났어요. 한국에서 불교, 개신교, 천주교가 3대 종교로 자리를 잡은 이유는 우리나라 역사와 연관이 있어요.

1. 불교

성직자 - 스님(승려)

불교는 기원전 563년에서 기원전 483년까지 살았던 인도의 왕

국보 제1호인 석가탑처럼
우리나라에 불교와 관련된
문화재가 많은 이유는 불교가
우리나라 역사에 큰 영향을
미쳤기 때문이에요.

© Leonardo D.-Francisci

자 고타마 싯다르타에 의해 만들어졌어요. 왕자로 태어나 남부러
울 것이 없었던 싯다르타는 어느 날 성 밖으로 나갔다가 자신과
달리 가난하고 어렵게 사는 백성들의 모습을 보고 큰 충격을 받았
어요.

이후 같은 사람이지만 태어난 환경에 따라 사는 모습이 달라지
는 것에 의문을 품고 수행을 시작했어요. 이곳저곳을 돌아다니며
수행을 하다가 서른다섯 살에 인도 부다가야의 보리수나무 아래

에서 명상을 하던 중 욕심과 이기심이 모든 고통의 원인이라는 사실을 깨달았어요.

깨달음을 얻은 이후 싯다르타 왕자는 제자들에게 자신이 깨달은 세상의 진리와 이치를 가르치기 시작했어요. 이 과정에서 제자들은 싯다르타 왕자를 깨달음을 얻은 부처^{붓다}라고 불렀어요. 부처님은 여든 살까지 제자들과 따르는 사람들을 가르치다가 돌아가셨어요.

제자들은 스승인 부처님의 가르침을 널리 전했어요. 불교는 바로 부처님의 가르침을 따르는 종교로, 진정한 진리로 참된 마음의 평화를 얻고 결국 부처님처럼 깨닫는 사람이 되는 것을 목적으로 해요.

불교는 이후 아시아로 널리 전파되어 한국에는 신라 시대에 이차돈을 통해 들어오게 되었어요. 처음 신라의 왕은 불교를 반대했지만 결국 불교의 가르침을 믿는 사람들이 많아지면서 신라의 국교가 됐어요. 신라가 삼국을 통일할 때 불교가 많은 역할을 했죠. 훗날 고려 시대에도 불교가 국교가 되어 조선이 되기 전까지 우리나라 역사와 문화에 많은 영향을 미쳤어요. 석가탑이나 다보탑 등 우리나라의 국보나 보물 중에 불교와 관련된 문화재가 많고 전국의 산에 사찰이 많은 것은 이런 이유 때문이에요.

2. 개신교

성직자 – 목사

개신교는 한국에서 기독교라고도 불러요. 사실 개신교와 천주교는 같은 뿌리를 두고 있어요. 중세 시대 그리스도교가 잘못을 저지르자 이를 고쳐야 한다고 주장한 사제들이 종교 개혁을 했어요. 이 사람들이 만든 것이 바로 개신교예요. 그렇게 개신교와 천주교가 갈라졌어요.

개신교에서는 교황 제도를 인정하지 않아요. 개신교와 천주교는 차이가 있지만 그래도 근본은 같아요. 쉽게 말하면 한 부모님 밑에서 자란 형제라고 할 수 있어요. 천주교가 큰 형이고 개신교가 동생인 셈이에요.

개신교와 천주교 모두 세상을 창조하신 하느님을 믿고, 하느님의 아들인 예수 그리스도가 인류가 지은 죄를 대신해 십자가에 못 박혀 돌아가시고 사흘 만에 부활하셨다는 것을 믿어요. 예수

개신교와 천주교는 예수를 통해 구원을 얻고 영원한 천국에 들어갈 수 있다고 믿어요.

프란치스코 교황처럼 성직자를 꿈꾼다면

그리스도를 믿으면 죄에서 벗어나 영원한 천국에 들어갈 수 있다고 가르쳐요. 또한 예수 그리스도인 성자, 하느님인 성부, 하느님의 영혼인 성령은 셋이지만 하나인 '삼위일체'라고 믿어요.

개신교가 한국에 들어온 것은 1884년이었어요. 미국의 앨런 목사가 인천 제물포항으로 당시 조선이었던 우리나라에 들어왔어요. 이후 언더우드 목사를 비롯해 미국에서 여러 명의 선교사가 들어와 병원과 학교를 세우면서 서양의 앞선 문물을 들여오는 데 큰 역할을 했어요.

일제 강점기에는 목사님들이 일본의 신사 참배를 거부하는 등 독립운동에 애쓰기도 했어요. 우리나라 초대 대통령인 이승만 대통령도 개신교 선교사가 세운 배재 학당에서 신학문을 배우고 미국으로 유학을 가서 개신교 신자가 됐어요.

3. 천주교

성직자 – 신부

천주교는 개신교보다 앞서 우리나라에 들어왔어요. 개신교와 달리 선교사를 통해서가 아니라 우리나라 사람들이 스스로 공부하고 받아들였어요.

1631년 명나라에 사신으로 갔던 정두원은 서양의 문물과 함께 천주교 서적을 가져 왔어요. 18세기 후반 이벽, 정약용, 정약종 등

프란치스코, 세상에 희망을 선물해

양반들을 중심으로 천주교 서적을 공부하는 모임이 생겨나면서 천주교가 종교로 받아들여지기 시작했죠.

하느님 앞에서 모든 사람이 평등하다는 교리는 태어나자마자 양반, 평민, 노비로 신분이 정해지는 조선 사회에서 많은 사람에게 희망을 선사했어요. 그때 조정에서는 자칫 천주교가 왕권을 위협하고 신분제를 무너뜨릴지도 모른다는 우려 때문에 신자들을 잡아 가두고 심지어 사형을 내리기까지 했어요. 단지 천주교 신자라는 이유만으로 죽임을 당한 사람들이 수만 명에 달할 정도로 박해를 받았어요. 하지만 1886년 조선과 프랑스 사이에 상호 조약을 맺으면서 천주교 신자들은 종교의 자유를 보장받았어요.

1984년 교황이었던 요한 바오로 2세가 한국에 와서 순교한 신자들 가운데 우리나라의 첫 사제인 김대건 신부님을 비롯한 102명을 천주교 신자들이 공경해야 하는 성인으로 시성했어요. 2014년에는 프란치스코 교황이 한국에 와서 윤지충과 동료 순교자 123명을 성인에 오르기 전 단계인 복자로 시복했어요. 덕분에 한국은 아시아에서 천주교 성인과 복자가 가장 많은 나라가 됐어요.

성직자는
어떤 일을 하나요?

나 자신보다는 이웃을 생각해요

성직자는 종교적인 직분을 맡은 사람을 통틀어 일컫는 말이에요. 불교의 스님승려, 개신교의 목사, 천주교의 신부 등이 성직자에 속해요. 목사는 예배를 인도하고, 신부는 미사를 주례하고, 스님은 법회를 통해 각각의 종교 의식을 진행해요.

성직자는 각 종교의 가르침대로 살면서 종교를 믿는 신자들의 삶을 바른길로 이끌고 신앙생활을 도와주는 역할을 해요. 그래서 일반적인 직업과는 많이 달라요. 예를 들어 신부와 스님은 결혼을 하지 않고 평생 혼자 살아야 해요. 대부분 직업이 일을 해서 돈을 버는 것이 하나의 목적이기도 하다면, 성직자는 돈을 버는 것보다 사람들이 어떻게 하면 착하고 바르게 살 수 있을지를 고민해요.

주변의 어려운 사람들을 살피고 돕는 것도 성직자가 해야 할 일이 에요.

성직자 스스로도 신자들에게 모범이 될 수 있도록 정직하고 정의롭게 살아야 해요. 무엇보다 종교에 대한 믿음이 확실해야만 성직자가 될 수 있어요.

세상의 평화와 행복을 위해 일해요

종교는 사람들이 서로 사랑하고 도우면서 평화롭게 살도록 가르치기 때문에 나쁜 사람들이 세상의 평화를 깨고 전쟁을 일으키려고 하면 성직자들은 앞장서서 반대하기도 해요. 또 가난한 사람들에게 자선을 베풀고 병든 사람을 고쳐 주는 데 많은 역할을 해요.

서양의 중세 시대에는 성직자들이 철학과 의학, 약학, 천문학 등을 공부하면서 학문의 발전에도 큰 기여를 했어요. 지구가 태양의 둘레를 돈다는 지동설을 주장한 천문학자 코페르니쿠스도 신부였어요.

지동설을 주장한 천문학자 코페르니쿠스도 신부였답니다.

우리나라의 역사를 봐도 성직자들이 많은 일들을 했어요. 조선 시대에 임진왜란이 일어났을 때 스님인 사명대사는 왜군의 침략에 맞서 싸워

프란치스코 교황처럼 성직자를 꿈꾼다면

백성들을 지켰어요. 나라를 지키는 불교라는 의미에서 '호국 불교'라는 말을 쓰기도 했지요.

일제 강점기에 독립운동을 하고 〈님의 침묵〉 같은 아름다운 시를 쓴 만해 한용운도 스님이었어요. 1887년 개신교를 선교하기 위해 미국에서 한국에 온 언더우드 목사는 한영사전을 편찬하고 학교를 세워 우리나라 사람들이 외국 문물을 공부하는 데 큰 도움을 주었어요.

또한 1970년대와 1980년대 군부 독재 시절에 김수환 추기경과 강원용 목사, 문익환 목사는 한국의 민주주의를 실현하기 위해 민주화 운동에도 앞장섰어요.

성직자가 되려면
어떻게 해야 하나요?

성직자는 매우 특수한 직업이에요. 옛날에는 아무나 성직자가 될수도 없었어요. 하지만 지금은 각 종교별로 믿음이 깊고 내가 아닌 남들을 위해 살겠다는 결심이 확고하면 성직자가 될 수 있어요.

성직자는 돈을 많이 번다거나 유명해지거나 권력을 가지려는 마음으로는 할 수 없기 때문에 성직자가 되기 위해서는 스스로 확실한 결심이 서기까지 오랜 시간 고민해야 해요. 또 성직자의 길을 걷고 있는 어른들을 만나서 이야기를 자주 하는 것이 바람직해요.

우리나라는 종교의 자유를 보장하는 민주주의 국가이므로 단지 성직자라는 이유로 목숨이 위태로울 일은 없어요. 그러나 다른 나라로 선교를 가야 한다면 목숨이 위태로워질 수도 있어요.

또 가족을 이루지 못하는 성직자도 있기 때문에 혼자 외롭게 사

프란치스코 교황처럼 성직자를 꿈꾼다면

는 것도 각오해야 해요. 눈에 보이지 않는 신을 믿거나 홀로 깨달음을 얻기 위해 수행해야 하므로 여러 가지 유혹에 시달릴 수도 있어요.

하지만 성직자는 신자들로부터 존경과 사랑을 받아요. 이웃을 위해 헌신할 수 있어서 보람도 커요. 친구들을 위해 가진 것을 나누어 주는 것이 기쁘고, 아무도 알아주지 않지만 남몰래 착한 일을 하는 것이 뿌듯하다면 성직자로 진로를 결정하는 것도 좋은 일이에요. 세상 어떤 직업보다 남을 위해 살 수 있는 직업이기 때문이에요.

1. 스님이 되려면?

출가 → 행자 생활 → 사미(사미니) → 비구(비구니)

불교의 성직자인 스님이 되기 위해서는 우선 부처님의 일생을 따르겠다는 결심이 서야 해요. 특별히 학력이나 나이에 제한을 두지는 않지만 고등학교 이상의 학력과 주민등록상 성인 이상의 나이가 되어야 무리가 없어요.

스님이 되기 위한 첫 단계는 '출가'예요. 출가란 집을 떠나 절에 들어가 생활하는 것을 뜻해요. 어떤 절로 들어갈지는 본인의 자유이지만, 대개 팔만대장경이 있는 합천 해인사를 추천해요.

부모님의 보살핌과 친구들과의 만남을 끊고 출가하면 열흘 정

© Lauren Heckler

해인사는 출가할 때 가장 많이 추천받는 절이에요.

도 절의 생활에 익숙해질 시간이 주어져요. 이때 다시 집으로 돌
아가는 사람도 적지 않아요. 그만큼 스님이 된다는 것은 어렵고
힘든 일이에요.

열흘 정도 지나서도 스님이 되겠다는 마음이 변치 않으면 절에
서 스님들이 머리카락을 남김없이 깎아 줘요. 그리고 행자 생활을
시작해요. 행자란 절의 허드렛일을 하는 사람이에요. 밥도 짓고
설거지도 하고 빨래와 청소를 하면서 절에서의 생활을 익혀야 해
요. 스님이 되면 평생 절에서 살아야 하니까요.

이 과정에서 세상과의 인연을 정리하고 마음을 다잡아야 해요. 군대로 치면 훈련소에 들어가 이등병이 되기 위해 훈련받는 기간이라고 생각하면 돼요. 보통 행자 생활을 일 년 남짓하면 자신의 은사 스님을 정하고 은사 스님에게 계를 받아 사미나 사미니가 됩니다. 사미는 남자, 사미니는 여자 승려를 뜻해요. 사미사미니는 일종의 예비 스님이에요.

이때 향불로 팔뚝을 태우는 연비 의식을 해요. 은사 스님에게서 스님으로서의 이름인 법명을 받아요. 사미사미니가 되면 사람들이 스님이라고 부르지만 정식으로 스님이 되려면 한 단계를 더 거쳐야 해요.

강원이라고 불리는 학교에 가서 사미과, 사집과, 대교과 등의 과목을 4년 동안 배워야 해요. 이때 불교의 많은 경전을 배우고 절의 의식도 익혀요. 이 과정이 끝나야 비로소 한 사람의 정식 스님이 돼요. 남자는 비구, 여자는 비구니라고 해요.

정식으로 스님이 된 다음에도 공부를 계속해야 해요. 불교의 역사가 2,500년에 이르는 만큼 공부할 것이 무척 많기 때문이에요. 정식 스님이 되면 사찰에서 부처님 말씀을 전하는 법회를 열어 신도들을 만나요. 아니면 부처님처럼 깨달음을 얻기 위해 계속 수련하기도 하지요. 나중에는 주지 스님이 되어 사찰을 책임진답니다.

2. 목사가 되려면?

교단 정하기 → 신학교 진학 → 목사 고시

목사가 되려면 하느님의 부르심이 있어야 해요. 이를 소명이라고도 불러요. 목사는 하느님의 일을 한다는 사명감이 없으면 하기 어려운 일이에요. 먹고 살려는 방편으로 목사를 하겠다고 하면 설령 목사가 된다 하더라도 하느님의 말씀을 전하기보다 자신의 부귀영화를 위해 일하기 때문에 오히려 하느님 이름을 빌려 이기심을 채우는 셈이 돼요. 이것은 하느님 앞에서 죄를 짓는 일이에요.

우선 목사가 되려면 자신이 목사가 되고 싶은 교단을 정하고, 그 교단에 속한 교회를 다니는 것이 좋아요. 교단이란 개신교 안에서 여러 가지 분파를 뜻해요.

한국에는 대한예수교장로회 통합, 대한예수교장로회 합동, 대한예수교장로회 고신, 한국기독교장로회, 기독교대한감리회, 기독교대한성결교회, 기독교한국침례회, 순복음교회로 불리는 기독교대한하나님의성회 등 많은 교단이 있어요.

각 교단은 개신교라는 공통점이 있지만 교단별로 성경을 해석하는 방향이라든가 전통이 조금씩 달라요. 목사는 저마다 교단에 속해 있기 때문에 우선 어떤 교단에 속한 교회에 다닐 것인지 결심하는 것이 목사가 되는 첫 단계라 할 수 있어요.

다음으로는 교단을 정하고 교단에 속한 교회에 다니면서 내가

프란치스코 교황처럼 성직자를 꿈꾼다면

기독교대한하나넘의성회에 속한 여의도순복음교회. 목사가 되려면 먼저 교단을 정해야 해요.

교회에서 목회자라 불리는 성직자가 돼도 좋을지 끊임없이 고민하고 기도해야 해요. 일부 신학대학교는 입학하려면 교회의 추천을 받아야 하므로 평소에 성실하게 교회에 나가 예배를 보고 활동을 해야 하지요.

대개 신학대학교 졸업장을 받은 후에는 신학대학원에 들어가요. 물론 신학대학교를 나오지 않고 다른 학과를 나와도 신학대학원에 응시할 수 있어요. 신학대학원도 교단별로 있어요.

신학대학원에 들어가면 개신교에 관한 여러 가지 학문을 더 깊게 배워요. 3년 정도 신학대학원에서 공부하고 졸업하면 목사 고시를 볼 수 있어요. 목사 고시에 합격해야 비로소 목사가 될 수 있어요.

목사가 되면 교회의 예배를 인도하며 설교할 수 있고, 안수를 통해 신도들의 영혼을 위해 기도할 수 있어요. 이외에도 신도들의 신앙생활을 위한 다양한 활동을 할 수 있어요. 목사는 교회의 사택에서 살며 교회로부터 활동비 명목으로 월급을 받아요.

3. 신부가 되려면?

신학교 진학 → 부제품 → 사제품

사제라고도 불리는 신부는 스님과 더불어 세계에서 가장 오래된 성직 가운데 하나예요. 예수님이 돌아가신 다음 제자인 베드로부터 시작한 사제직의 역사는 2,000여 년이 넘었어요. 평생 독신으로 살면서 예수님의 말씀을 따르고 미사를 드리며 이웃을 위해 헌신해야 해요.

신부가 되는 방법에는 크게 두 가지가 있어요. 교구에 소속된 신학생이 되는 것과 수도회의 성직 지망 수도자로 입회해 신학교에 들어가는 것이에요. 교구는 성당들의 행정 구역이라고 생각하면 돼요. 우리나라가 경기도, 충청도 등 광역 자치 단체로 나뉘어 있듯이 성당도 지역별로 묶어서 교구를 만들었어요.

프란치스코 교황처럼 성직자를 꿈꾼다면

수도회는 프란치스코 성인이나 이냐시오 성인이 만든 프란치스코회, 예수회 같은 곳을 의미해요. 수도회는 교구와는 별개로 개별적인 규율과 회칙을 통해 운영해요. 수도회는 신부와 달리 미사를 집전하지 못하는 수사와 수녀도 있어요. 수사와 수녀는 성직자는 아니고 수도자라고 불린답니다.

교구 소속 신부가 되려면 우선 천주교 신자가 되는 세례 성사를 받은 지 3년이 지나야 해요. 신학교에 입학하기 전 최소 일 년 동안 예비 신학생 모임에 참석해야 하지요. 그리고 본당 신부님의 추천을 받아야 해요. 물론 몸과 정신도 건강해야 하고요.

신학교에 입학하면 학부 4년, 대학원 3년 과정으로 교육을 받아요. 특히 신학교에 들어가면 신학교 안의 기숙사에서 생활해야 해요. 기숙사에 들어가면 학기 중에 신학교 밖을 나가기가 어려워요. 공동체 생활을 하면서 신부로서 필요한 지적, 도덕적, 영적 자질을 키우게 돼요.

대학원 2년을 마친 신학생 가운데 각 교구장인 주교들이 신부가 될 수 있는 학생을 선발해 부제품을 주어요. 부제품을 받은 뒤일 년 후에 사제품을 받고 정식으로 신부가 될 수 있어요. 신부가되면 미사를 집전하고 세례 성사, 고해 성사, 견진 성사 등 천주교의 여러 가지 성사를 줄 수 있는 권한이 생겨요. 보통 한국에서는 군 복무까지 포함해 신부가 되는 과정을 10년 정도로 봐요.

신부는 평생 결혼하지 않고 성당에서 살아야 해요. 개신교에서는 일부 교단에서 여성에게 목사직을 주기도 하지만 천주교에서 사제는 남자만 될 수 있어요.

본받을 만한 성직자를
알고 싶어요

김수환 추기경(1922~2009)

 천주교의 성직자인 김수환 추
기경은 한국인 최초로 교황 다
음으로 높은 추기경에 임명된
분이에요. 천주교에서 쓰는 세
례명은 스테파노랍니다.

 김수환 추기경은 1922년 7월 2일에 대구에서 5남 3녀 중 막내
로 태어났어요. 할아버지가 1868년에 일어난 무진 박해로 순교할
만큼 독실한 천주교 집안에서 자랐어요.

 일제 강점기에 태어난 김수환 추기경은 1951년 대구의 계산 성
당에서 사제 서품을 받고 신부님이 됐어요. 1956년 독일의 뮌스

터 대학교로 유학을 가서 철학 등을 배웠어요. 1964년 다시 한국으로 돌아와 1966년 마흔네 살의 젊은 나이에 마산 교장 주교로 임명되었어요. 그리고 1969년 교황 바오로 6세에 의해 추기경으로 서임되었어요. 그때 나이는 마흔일곱 살로 당시 세계 최연소 추기경이었어요.

이후 30년 동안 천주교 서울대교구의 교구장 대주교로 재임하면서 한국 천주교를 이끌었어요. 천주교 신자들뿐만 아니라 국민들에게도 존경을 받았어요. 1970년대와 1980년대에 군인들이 독재를 하던 시기에 민주주의의 중요성을 강조하며 독재를 비판했기 때문이에요. 군인들은 자신들의 의견에 반대만 해도 마음대로 잡아 가두거나 고문을 하는 등 헌법에 명시한 민주주의의 가치를 지키지 않았어요. 김수환 추기경은 독재에 반대하면서 사람들의 인권과 사회 정의를 위해 앞장서 행동했어요.

현대인들이 생명을 중요하게 여기지 않는 모습을 비판하면서 생명을 존중해야 한다고 사람들에게 호소하기도 했어요. 돌아가시기 전에 장기 기증에 서약했고, 돌아가신 다음 자신의 각막을 두 사람에게 기증했어요. 이 사실이 알려지자 추기경을 따라 자신의 장기를 기증하는 사람들이 늘어났지요. 덕분에 새로운 삶을 얻는 환자들이 많아졌어요.

프란치스코 교황처럼 성직자를 꿈꾼다면

불교의 성직자인 법정 스님은 고등학교 교과서에 실린 〈무소유〉라는 수필로도 유명한 분이에요. 법정 스님은 전남 해남에서 태어나 목포상업학교를 졸업하고 전남대학교 상과대학 3학년을 마친 다음 스님이 되기 위해 출가했어요. 1956년 경남 통영의 미래사에서 효봉 스님을 은사로 출가한 뒤, 1959년 해인전문강원을 수료하고 비구계를 받아 정식으로 승려가 되었어요.

이후 불교 사전을 편찬하는 데 힘을 보탰고 불교에서 나오는 신문의 논설위원으로 활동하면서 글을 통해 부처님의 말씀과 지혜를 사람들에게 전했어요. 1970년대 군부 독재 시절에는 더 오래 독재 정치를 하려고 헌법을 뜯어고친 '유신'에 반대하는 반체제 운동을 했어요. 그 탓에 정부로부터 감시를 당하기도 했어요.

하지만 군부 독재 세력이 자신들에게 저항한다는 이유로 죄 없는 젊은이들을 잡아다가 사형시키는 모습을 보고 무고한 젊은이들을 하루아침에 죽게 만든 반체제 운동에 괴로움을 느껴 다시 산으로 들어갔어요. 사실 스님이 된 이유는 세상일에 관심을 끊고 수행을 하기 위해서였거든요.

법정 스님은 산에서 다시 수행에 전념하면서 사람들의 마음을 깨끗하게 하는 글을 쓰기 시작했어요. 1976년에 나온 수필집《무소유》는 물건을 많이 가지려 할수록 오히려 가질 수 있는 게 적어지고, 가지지 않으려 할수록 마음속으로 더 많은 것을 가질 수 있다는 것을 깨우쳐 주는 내용이에요. '무소유'는 불교 신자뿐만 아니라 불교를 믿지 않는 사람들에게도 부처님의 가르침을 상징하는 말로 쓰이기 시작했어요.

1990년대에 들어서 법정 스님은 사람들이 각박하고 메마르게 살아가는 모습에 안타까움을 느껴 '맑고 향기롭게 살아가기 운동 준비 모임'을 만들었어요. 대중 강연을 통해 우리 마음과 세상을 두루 맑고 향기롭게 가꾸면서 살아가자고 사람들에게 호소했어요. 그게 바로 부처님이 바라는 세상이기 때문이에요.

종교 간에도 서로 싸우지 말고 사이좋게 지내야 한다고 늘 강조했어요. 그래서 천주교의 김수환 추기경과도 친하게 지내셨어요. 성탄절에는 법정 스님이 명동 성당을 찾아 김수환 추기경에게 축하를 건넸고, 부처님이 태어나신 초파일에는 김수환 추기경이 법정 스님이 계셨던 길상사를 찾아 축하를 전했어요.

스님이 돌아가신 이후에도《무소유》를 비롯해《산에는 꽃이 피네》등의 책이 계속 사람들에게 사랑을 받으면서 불교의 가르침과 인생의 지혜를 전하고 있어요.

프란치스코 교황처럼 성직자를 꿈꾼다면

마틴 루터 킹 목사(1929~1968)

개신교의 성직자인 마틴 루터 킹 목사는 미국의 인권 운동가로 노벨 평화상을 받았어요. 단지 흑인이라는 이유로 인종 차별을 당했던 미국의 흑인들을 위해 인종 차별 철폐 운동을 벌이며 훗날 미국에서 흑인 출신의 대통령인 오바마 대통령이 나올 수 있는 기틀을 마련한 분으로 평가받고 있어요.

마틴 루터 킹 목사는 미국 남부의 애틀랜타 주 조지아에서 태어났어요. 아버지와 외할아버지 모두 개신교의 한 교단인 침례교의 전도사였어요. 아버지가 원하는 대로 신학교에 들어간 그는 인도의 독립을 이끈 간디의 비폭력 철학을 비롯해 개신교 신학자들의 사상을 배웠어요.

신학을 배울수록 단지 피부색이 다르다는 이유만으로 인종을 차별하는 것은 하느님의 뜻을 거스르는 일이라는 확신이 들었어요. 성경에서는 하느님을 믿는 사람은 누구나 평등하다고 가르쳤지만, 미국에서는 백인이 흑인을 노예의 후손이라고 멸시하고 차별했어요. 잘못된 현실을 바로잡아야겠다고 생각한 그는 1960년, 고향인 애틀랜타로 가서 아버지와 함께 에비니저 침례 교회의 공동 주임 목사가 되었어요. 그리고 본격적으로 인종 차별을 철폐하기 위한 비폭력 운동에 나섰어요.

하지만 인종 차별 철폐 운동이 쉽지는 않았어요. 백화점 식당에서 흑인은 백인과 식사할 수 없다는 방침에 항의하다가 체포되기도 했어요.

마틴 루터 킹 목사는 다른 인권 운동 지도자들과 함께 1963년 8월 28일, 미국의 수도인 워싱턴 D.C.에서 20만 명의 군중과 평화 행진을 하며 법 앞에서는 인종이나 피부색으로 차별받지 않아야 한다고 주장했어요. 미국은 바로 만민이 평등하다는 민주주의에 토대를 두고 세워진 나라였지만, 현실에서는 그렇지 않기에 바꿔야 한다고 주장한 것이죠. 특히 이날 그는 '나에게는 꿈이 있습니다'라는 연설로 사람들을 감동시켰어요.

결국 1964년 인종 차별을 금하는 민권법이 통과되어 흑인들도 법적으로 차별받는 일이 없어졌답니다. 그해 마틴 루터 킹 목사는 노벨 평화상을 받았어요. 하지만 1968년 그의 행동에 앙심을 품은 한 백인이 목사를 총으로 암살해 세상을 떠나고 말았어요.

프란치스코 교황처럼 성직자를 꿈꾼다면

성직자의 삶을 보여 주는
책이나 영화는?

　성직자를 주인공으로 한 소설을 읽거나 영화를 보는 것도 성직자를 직업으로 선택하는 데 많은 도움을 받을 수 있어요.

　천주교 성직자인 신부의 삶이 궁금하다면 A. J. 크로닌의 소설 《천국의 열쇠》를 읽어 보면 좋아요. 프랜치스 치셤이라는 한 가톨릭 신부의 생애를 통해 성직자는 어떻게 살아야 하는지를 잘 보여 주는 소설이에요.

　개신교 신자인 어머니와 천주교 신자인 아버지 사이에서 태어난 치셤은 행복한 유년 시절을 보냈지만 사고로 부모님을

잃고 고아가 돼요. 우여곡절 끝에 신학교에 들어가 신부가 된 그는 중국으로 건너가 그곳의 어렵고 병든 사람들을 도우며 사제로 생활해요.

중국에서의 사제 생활은 쉽지 않았어요. 온갖 고생을 하면서 목숨이 위태로운 상황에 놓이기도 해요. 그럼에도 치섬은 신자들을 사랑하고 예수님에 대한 신앙을 잃지 않으며 신부로서 꿋꿋하게 생활해요. 결국 치섬은 다시 고국인 스코틀랜드로 돌아와 늙고 병든 할아버지 신부가 되지요. 하지만 신자들은 치섬 신부를 존경하고 따라요.

소설을 읽다 보면 종교 간에 서로 싸우고 인종과 민족 간의 갈등이 많은 요즘 시대에, 종교를 떠나 성직자가 어떻게 행동해야 하는지 여러 가지로 생각할 기회를 주어요.

배우 권상우와 하지원이 주연으로 나온 영화 〈신부수업〉2005은 가톨릭 신부가 되기 위해 어떤 고민을 하는지 엿볼 수 있는 영화예요.

〈신부수업〉

〈울지마 톤즈〉

프란치스코 교황처럼 성직자를 꿈꾼다면

〈검은 사제들〉 〈법정 스님의 의자〉

　아프리카 수단에서 그곳의 아이들을 위해 평생 헌신하다 돌아가신 이태석 신부의 일대기를 담은 다큐멘터리 〈울지마 톤즈〉2010를 보면 신부가 어떤 일을 하는지 구체적으로 알 수 있어요.

　배우 강동원과 김윤석이 출연한 영화 〈검은 사제들〉2015 또한 신부가 악령을 내쫓는 구마 의식을 엿볼 수 있는 영화예요.

　최일도 목사가 지은 《밥 짓는 시인 퍼 주는 사랑》은 청량리에서 노숙자들을 위해 식사를 제공하는 것으로 유명한 최일도 목사가 직접 자신의 이야기를 쓴 책이에요. 목사가 되기까지의 고민, 수녀였던 아내를 만난 과정, 밥 퍼 주는 목사로 청량리의 걸인들에게 인정받게 된 사연 등이 담겨 있어요.

이외에도 다큐멘터리 〈법정 스님의 의자〉2011를 보면 스님들의 일상과 수행에 대해서 알 수 있어요.

프란치스코 교황처럼 성직자를 꿈꾼다면

도움받은 책과 자료

- 《교황 프란치스코》 프란치스코 지음, 프란체스카 암브로게티 · 세르히오 루빈 대담, 알에이치코리아, 2013

- 《교황 프란치스코》 C. M. 그리말디 지음, 미르북컴퍼니, 2014

- 《교황의 10가지》 차동엽 지음, 위즈앤비즈, 2014

- 《따뜻한 리더, 교황 프란치스코》 안드레아 토르니엘리 지음, 서울문화사, 2014

- 바티칸 뉴스 www.news.va/en

- 교황방한준비위원회 popekorea.catholic.or.kr

- 대한불교조계종 www.buddhism.or.kr